Eurus

Notus

成田龍一
Ryuichi Narita

大正デモクラシー

シリーズ日本近現代史④

Boreas

Zephyrus

岩波新書
1045

はじめに——帝国とデモクラシーのあいだ

二人の吉野

「大正デモクラシー」を象徴する存在ともいうべき政治学者・吉野作造《よしのさくぞう》の二枚の写真がある。ともに吉野が四〇歳ころ、一九二〇(大正九)年前後に写されたものだが、一方の吉野は、着流しで子どもたちと戯れている。しかし、他方の吉野は、家族や使用人を従え、家長然として一家を束ねている。この二枚の落差——家庭人として「私」を尊重する姿勢と、家長としての「公」の厳しい顔との乖離が、大正デモクラシーの時代がけっして単純なものではないことを物語っている。政党政治を求めリベラリズムを貫く吉野と、黎明会《れいめいかい》に大学人でないとして長谷川如是閑《はせがわにょぜかん》の入会を拒んだ吉野。あるいは、中国の五・四運動に「大いに共鳴」した吉野と、学生たちの行動方法に「一種の反感」を抱かざるをえないと「告白」する吉野。二人の吉野のあいだが、後世の人びとの大正デモクラシーの評価の揺れでもある。

吉野作造は、一八七八(明治一一)年一月二九日に宮城県古川の糸綿商の長男に生まれ、第二高等学校をへて東京帝国大学で政治学を学ぶが、二高時代にはキリスト教に出会い洗礼を受ける。また、若くして結婚し、大学卒業後には、一時は中国(天津)で袁世凱《えんせいがい》の息子の家庭教師な

(上)使用人を含め総勢11人の吉野一家(1917年ころ，吉野作造記念館蔵).
(右)吉野作造と子どもたち(1920年夏ごろ，同上).

どもしていたが、一九〇九年二月から東京帝大で政治史を講じる。そして、翌年四月から三年間、ヨーロッパとアメリカに留学する。

帰国後の吉野は、一九一四年一月に『中央公論』に寄稿して以降、ほぼ毎号のように同誌に執筆するようになる。民本主義(のち、「デモクラシー」の語を多用)を説き、藩閥政治を批判し、普通選挙を主張し、さかんに論争も行う。第一次世界大戦やヴェルサイユ講和会議、米騒動と原敬《たかし》内閣の誕生、「満州事変」の勃発など、大きな出来事を論評することはむろん、そのときどきに必須な議論を提供し、また、黎明会や新人会といった民本主義を主張する団体を誕生させるなど、実践面でも活躍した。一九二四年二月には東京帝大を退職し、朝日新聞社に編輯顧問兼論説委員として入社する。

こうして、二〇世紀初頭の日本における有数の啓蒙家となった吉野が思考と行動の基盤としていたのは、「民衆」の存在であった。

吉野は、「民本主義鼓吹時代の回顧」(『社会科学』一九二八年二月)で、次のように述べている。「日露戦争が一方に於て国民を帝国主義的海外発展に陶酔せしめたと共に、他方、国民の自覚と民智の向上とを促して自らデモクラチックな思想の展開に資したことは、既に人のよく云う所である」。

二つの転換点

吉野はここで、評判を呼んだ自らの論文「憲政の本義を説いて其有終《そのゆうしゅう》の美を済《な》すの途《みち》を論ず」(『中央公論』一九一六年一月)を中心に、その時期の「民本主義鼓吹時代」を「回顧」しながら、日露戦争が大きな画期になったことをいう。

維新以降に推進されてきた近代化が、日清・日露戦争の勝利によって達成されたとの認識が生まれるとともに、日露戦争後の時期には、国家や社会の中軸を担った世代の交代が促進され、第二世代(新世代)の登場が印象づけられる。「民衆」の登場も含め、日露戦争後はひとつの画期として、歴史的にも、同時代的にも、認識されていた。

だが、吉野は、続けて「あの頃から今日に至る六、七年が、また実に思想と運動との進展に関し実に著しい飛躍の時代を為す」とも述べ、一九一六年から一九二八年にかけての変化の大きさもあわせて指摘する。

吉野は、時間的には、日露戦争の前後と、第一次世界大戦の前後という二つの画期を認識し、そこでの帝国主義的膨張とデモクラシーの共存を指摘する。吉野の同時代的な認識の鋭敏さがうかがえる発言である。

「今一々朝鮮人に親しく会ってその言うところを聞いて見ると、豈図《あにはか》らんや、今なお日本の統治に対していろいろの不平を言う者が案外に少く無いようである。而してこれらの不平はその言い分の当否いかんは別問題として、我々は決してこれを聞き捨てにしてはならぬ」(「満韓を視察して」『中央公論』一九一六年六月)。一九一六年三月から四月にかけての朝鮮・中国旅行をもとに執筆したものだが、これを含め三度にわたり朝鮮・中国を訪れ、その地を踏んでいる(地図参照)。吉野が見ていた「民衆」は、国内の民衆とともに、東アジアの民衆であった。

東アジアの民衆とともに

日本の植民地であった朝鮮、台湾、(南)樺太の民衆、日本をはじめとする各国から侵略を受けていた中国の民衆の動向は、同時代の日本を考察するうえで欠かせないが、吉野は、金雨英《キムウヨン》、金栄洙《キムヨンス》らとともに、朝鮮人との懇話会を開き(一九一七年一月五日。第二回目よりは、「参話会」)、独立運動の担い手たちと接触する。また、『支那革命小史』を著わす際に、殷汝耕《いんじょこう》や戴《たい》天仇《てんきゅう》ら革命派の活動家から情報を得ているほか、孫文《そんぶん》や黄興《こうこう》とも会っている。中国人留学生が逮捕される事件(一九一八年五月)では、救援と保護を要求した。また、一九一九年に三・一運動（朝鮮）や五・四運動（中国）が起こると、吉野は共感を込めた論考を寄せている。

だが、「吉野デモ作」と揶揄《やゆ》されたこともあるように、吉野は左派の社会主義者たち、右派の国粋主義者たちの双方から批判を受けていた。また、歴史的にも帝国主義批判が手ぬるいと否定的な評価を受けた時期がある。吉野と民本主義に対し、帝国主義的な論調であるとして断ずる論者さえいた。ことは、吉野の評価とともに、大正デモクラシーの評価にかかわろう。

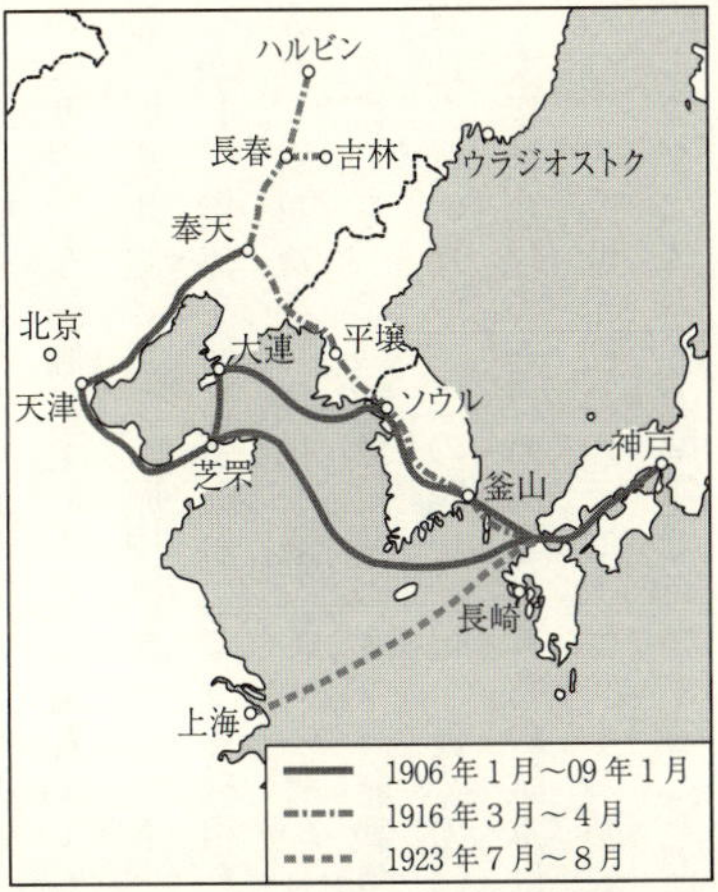

吉野作造が歩いた東アジア（田澤晴子『吉野作造』より作成）.

帝国とデモクラシー

「シリーズ日本近現代史」の第4巻として本書で扱うのは、吉野作造が鋭く観察し、自らもその一員として参画した時代――日露戦争後の一九〇五年ころから、一九三一年九月の「満州事変」前夜までのほぼ四半世紀である。この時期は、一般に「大正デモクラシー」と呼ばれ、政党政治が実現し、社会運動が展開した時期として扱われている。現行の高等学校の教科書でもこの語を用いて説明がなされている。

だが、仔細に検討すると、「大正デモクラシー」の語は、時期や内容、指し示す対象、あるいは歴史的な評価に至るまで、論者によってさまざまに用いられている。「大正デモクラシー」は、歴史用語としても歴史概念としても、きちんと定義されているとは言い難い状況にある。しかし、指標を何にとるかによって様相を異にするが、この時期に「日本」の歴史に切断線が入り、あらたな時代相を表しているという認識が緩やかに形成されている。

本書でも、この認識に基づき、日露戦争後から「満州事変」までの時間と空間を対象として、叙述を行いたい。この四半世紀を貫くのは、大日本帝国の展開とそのもとでの社会運動、そして大衆社会化の進行である。本書の試みは、帝国のもとでの社会のありようを描き出すことであり、二〇世紀初頭のデモクラシーの歴史的な性格を、帝国主義―ナショナリズム―植民地主義―モダニズムとの関連で考察することとなる。

［追記］引用史料は、スペースの関係と、分かりやすさを重視して、原文の味わいを生かしつつ、部分的に口語訳にしたところがある。また、かたかな文をひらがなに、漢字をひらがなに替え、傍点、圏点を略したところもある。なお、引用文中の〔　〕内の説明は、筆者のものである。

目次

第1章　民本主義と都市民衆

「巡査派出所焼打ちの実況」．キャプションには英語で The Great Disturbances in Tokyo（東京での大騒擾）と記されている（『東京騒擾画報』第66号，1905年）．

1　日比谷焼打ち事件と雑業層

「群集」の衝撃

まずは、『東京騒擾《そうじょう》画報』(第六六号、一九〇五〈明治三八〉年)を開いてみよう。日露戦争のさなかに刊行されていた『戦時画報』の「臨時増刊」である。B4判のグラフ誌で、国木田《くにきだ》哲夫(独歩《どっぽ》)が編集主幹となっている。巻頭には「巡査派出所焼打ちの実況」の図が掲げられている(扉図参照)。モノクロだが、「群集」が派出所を壊し、その残骸に火をつけ気勢を上げている様子が描かれる。手前には、巡査の靴がころがっている。行動する人びとは、作業服に地下足袋をはき、頭には鉢巻をし、日雇い風に描写されている。

他方、内務大臣官邸を焼打ちしている図には、石が飛び交い、煙が上がるなか、和服や作業着に、パナマ帽や鳥打帽《とりうちぼう》をかぶる人びとがみられる(図1-1)。どちらの図にも、行動する人びとが描かれている。『東京騒擾画報』は、それらの人びとを「群集」と記すが、実況図に写真が組み合わされ、彼らによる帝都の焼打ちが描かれる。また後半には、作家・矢野龍渓《りゅうけい》が騒擾の見聞記、「出鱈目《でたらめ》の記」を記している。

元来は、日露戦争の状況を図像と文章によって伝達していたその手法で、画報には「群集」が暴動に参加する光景がリアルに描かれている。ここには「群集」の登場による驚きの感情が見られ、破壊という秩序の動揺がなされたことが、描きとめられている。

騒擾のはじまり

この画報に特集された「東京騒擾」とは、一九〇五年九月五日から七日にかけて引き起こされた、いわゆる日比谷《ひびや》焼打ち事件をさしている。日露戦争終結後に、アメリカのポーツマスで締結された講和条約に賠償金が盛り込まれなかったことに不満を持つ人びとが東京・日比谷公園に集結し、国民大会を開いた。そのあと附近の内務大臣官邸や講和賛成を唱えていた国民新聞社を焼打ちし、さらにそれを阻止しようとした警官隊や軍隊と衝突した事件である。

図 1-1　内務大臣官邸焼打ちの図．1905 年 9 月 5 日の夕刻から翌日にかけて騒擾は激化した(同前)．

九月五日に、講和問題同志連合会（河《こう》野《の》広中《ひろなか》、大竹貫一ら）が講和反対の国民大会を計画したが、政府は事前に禁止、連合会員を検束し、会場の日比谷公園は封鎖された。だが、当日、朝早くから日比谷公園に人が集まり始めた。その数は四〇〇〇〇人に及び、「門を開け、奸臣《かんしん》の爪牙《そうが》〔手さき〕」などと叫びつつ、封鎖された門を丸太で押し破って公園内になだれ込み、それを阻止しようとする警官隊と衝突した。このとき警官隊は、剣を抜いて人びとを威嚇し、そのことが人びとをさらに「激昂」させ、投石が行われた。その数は、「数万」とも「七、八万」とも報じられている。

こうした混乱のなかで、花火があげられ、「十万の碧血《へっけつ》を如何《いかん》せん」と記した風船が飛ばされ、大会があわただしく開かれた。「弔講和成立」との黒枠の弔旗を押し立てるものがあり、臨時の演台が仕立てられ、大竹が演説し、河野が条約不成立の決議を朗読した。そして、君が代を斉唱し、「皇帝陛下」と陸海軍の万歳を三唱して大会を終えた。

こののち主催者は、日比谷公園から演説会場である新富座《しんとみざ》に向かったが、途中で約二、三千人が二重橋前に進んだ。この一団は、楽隊によって君が代を演奏し万歳三唱を行うが、騎馬巡査らが阻止したため衝突し、投石が行われた。新富座では、警官隊による厳重な警備態勢のなか、人びとが開会を待ち受けていたが、京橋署長が弁士の登場前に「解散」を命じて人びとを退場させ、従わないものは引きずり出したため、ここでも投石がなされて大混乱となった。

この新富座にいた一団は、日比谷公園から流れてきた人びとと合流して数千人の集団となり、国民新聞社に押し寄せ、看板を壊し、投石してガラス窓を破り、輪転機や活字を破壊した。さらに首相官邸に向かおうとしたため、夜半になってから、第一師団や近衛師団の三個中隊が出兵し、警戒に当たった。他方、日比谷公園正門前の内務大臣官邸を数千人の別の一団が取り巻き、正門を破壊し、抜剣した警官隊と衝突している。こうして日比谷公園の周辺で、「群集」と警官隊、軍隊とのあいだに衝突が見られた。

焼打ちと戒厳令

騒擾は夕刻になり、いっそう激化した。銀座から万世橋へと向かう日本橋大通りを駆け抜け、人びとは道沿いの警察署や交番、派出所を焼打ちし始めた。京橋警察署管内では「放火隊」千余人が三手に分かれて押し寄せ、警察署こそ軍隊の力を借りて防いだが、管内の京橋警察分署と一五の派出所が焼打ちされたほか、二つの派出所が破壊されている。また、日本橋警察署でも、ガラス窓が打ち壊され、管内の派出所は二六カ所が焼失した。このほか神田、本郷、下谷《したや》警察署管内など下町を中心に被害がひどく、五日の夜半には、都合、二つの警察署、六つの警察分署が焼かれ、交番や派出所の被害は二〇三カ所に及んだ。

翌六日も騒擾は続いた。その夜には、日比谷交差点と四谷《よつや》見附《みつけ》では、市電を止めて乗客・乗員をおろし、それぞれ一一台と四台の車両を焼打ちにした。また、焼け残った警察署のほか、浅草・本所《ほんじょ》・下谷のキリスト教会(一三カ所)、神田のニコライ堂にも攻撃を行う。

政府は六日夜に戒厳令を布《し》いた。そのため、七日には市内に七三の検問所が設けられたが、騒擾はさらに続き、内務大臣官邸の周囲には人びとが集まり、日本橋警察署など二カ所に向かう集団があった。国民新聞社前を警官が固め、依然、「焼打」の風説は絶えないなか、市電も午後六時に運転を中止している。そして、この日、ようやく騒擾は収まった。

表 1-1　東京での騒擾の被告・被起訴者の職業構成(%)

	職人	小売商	知識人・学生	店員	職工	人足・車夫	その他・不明
日比谷焼打ち事件(1905 年)	12.7	10.1	5.6	12.7	9.5	17.3	32.1
大正政変(1913 年)	7.8	8.5	19.6	20.9	12.4	6.5	24.3
東京の米騒動(1918 年)	18.9	5.9	6.7	11.1	20.7	11.1	25.6

(出典：我妻栄ほか編『日本政治裁判史録』，石塚裕道・成田龍一『東京都の百年』)

「雑業層」

この騒擾は、死者一七人、負傷者は無数、逮捕・起訴されたものは三一一人という、大きな出来事となった。しかし、計画性や組織性はないとされている。

起訴されたものの内訳からこの騒擾の参加者を探ってみると(表1－1)、「人足」「車夫」や「職人」など、都市で雑業に携わるものや、「職工」「商人」などが多い。実際、五日夜半に、赤羽橋際派出所を襲った一団は、「肉襦袢《にくじゅばん》の肌脱ぎにて高く棍棒をかざせる五、六名の巨魁《きょかい》を先頭にして手に〳〵棍棒を携え鬨《とき》をつくって襲撃」したという(『萬朝報《よろずちょうほう》』九月七日)。都市の下層に隣接する階層の人びとで、彼らは日露戦争の影響を正面からうけ、煙草や砂糖などにかけられた大衆課税の導入はその生活を圧迫していた。また、産業化のなかで生業《せいぎょう》の不安定さも顕著で、人力車夫は、路面電車の登場(一九〇三年)によって顧客を失いつつあった。

彼ら都市における「雑業層」は、生業の場で、親方や中小商店主、中小工場主である「旦那衆《だんなしゅう》」に雇われていた。また、商店や、旦那衆が経営する借家・借間に住まっており、雑業層は生業と居住の場で旦那衆に二重に従属していた。大通りに面した旦那衆の居住の場の裏側の路地が、彼らの空間であった。騒擾のさなかに、彼らが駆け抜けた大通りはなじみの空間であり、焼打ちした警察署、派出所は日々に接し、抑圧を感じていた場所でもあったろう。

「旦那衆」　だが、日比谷公園に集まった人びとには、雑業層とは異なる階層もみられた。『萬朝報』(九月六日)によれば、日比谷公園に集結し、新富座の演説を聞こうとする人びとは、多くは「地方より来れる人」であり、年齢も「四十以上の分別盛り」で身なりも整い、髯《ひげ》をたくわえたものや、「軍人遺族」が多いともいう。また、公園内の集会参加者には、「殆んどあらゆる階級、あらゆる職業」の人びとがおり、年齢、性別もさまざまだが、「皆な其《その》父兄愛子を犠牲」とし、「元老閣臣に向って深き憤りを有し深き怒りを抱ける人々」とされる。軍人や軍属の姿があったとも報じているが、旦那衆自身の姿である。

こうして、九月五日の出来事にかかわった人びとには、講和問題同志連合会など講和反対の大会を主導しそこに集まった「旦那衆」と、騒擾に積極的に参加した「雑業層」との二層がみられた。旦那衆がかかわる非講和運動は、この前後に東京、横浜のみならず全国的に広がっており、大阪、名古屋、京都、福岡の大都市をはじめ、呉、栃木、富山、岐阜など各地で大会が開かれていた。いずれも数千の参加者がみられ、二〇〇を越える講和への「反対決議」「上奏」が出されている(『嗚呼《ああ》九月五日』一九〇九年)。

新聞記者と弁護士

このとき、二つの階層、集会と騒擾との二つの事態を連結させたのは、新聞記者であり、弁護士であった。東京で発行されている『都新聞』『二六新報』『萬朝報』などは、さかんに講和反対のキャンペーンを張り、『東京朝日新聞』のばあい、「講和事件に関する投書」として読者からの投稿を掲げ、講和条約が「屈辱的」であるとの意見を多く紹介した。日比谷での出来事については、集会の様子を伝え、騒擾のさなかの警官たちの抜剣をはじめとする横暴な振舞いを批判的に報道する。そのため、『萬朝報』は三日間、『東京朝日新聞』は一五日間、発行停止の処分を受けている。

九月五日以降は、投書の大半は焼打ち事件への言及となる。『東京朝日新聞』への投書は、「当局者は速かに其《その》責任を明かにし、以《もっ》て罪を上下に謝せざるべからず」とし、さもなくば「市街戦の修羅場」は今後も勃発すると述べている(憂国生。九月七日)。

さらに警察官を告発したのは、弁護士たちであった。東京弁護士会は臨時大会を開き、「警察官鎮圧手段の狂暴」を非難し(『日本弁護士協会録事』一九〇五年九月)、被害調査・聞き書きを行い、「流血遺滴」として『法律新聞』に連載するなど(一九〇五年一〇月五日より一九回)、警察官の「虐待その他不法行為」に目を向けた。動きの鈍い検察を批判するために、翌年八月一〇日には、本郷座で、検事長の問責演説会までが催され、三〇〇〇人が会している。彼らは、同時に、「兇徒聚衆《きょうとしゅうしゅう》被告事件」の弁護を行い、河野・大竹らと雑業層との双方を担当する。

のちに刑法改正に関連して、弁護士たちのこうした姿勢は「人権擁護」として集約され、一九〇九年一二月一二日には、神田錦輝館で「人権問題政談大演説会」を開き、『日本弁護士協会録事』は「人権問題特集号」(一九一〇年一月)を出していく。

「国民」の排外主義

むろん、当の河野広中は集会と騒擾を別物とし、「人足、車夫等と偕《とも》に国事を謀《はか》るが如き軽挙を敢《あえ》て致しません」(『訟庭論草』第四、一九三〇年)という。弁護人の花井卓蔵《たくぞう》も双方の連絡がないとするなど、二つの階層は乖離し単純には結合していない。

だが、集会と騒擾は、ともに講和への反対をきっかけにしており、排外主義を内包している。河野のなかでは自由主義と国権主義、藩閥批判と国権膨張が矛盾なく結合している。また、雑業層の行動は、かつての日露戦争の勝利や将軍たちの凱旋への賞賛と矛盾せずになされている。彼らが駆け抜けた空間は、日清戦争・日露戦争の戦時には勝利を祝して提灯《ちょうちん》行列や旗行列を行い、戦後には、凱旋した将軍たちを迎える祝祭の空間であった。朝鮮や中国、あるいはロシアの人びとへの想像力は、完全に欠落している。

注目すべきは、こうした事態が「国民」の名の下に遂行されていったことである。さきの『東京朝日新聞』「講和事件に関する投書」には、講和条約とそれを締結する内閣への「国民の怒り」を騒擾に見出し、「国民の熱血的愛国心に富めることを感謝す」と結んでいる(九月七日。

署名は「忠霊の墳墓」)。藩閥や圧政への批判は、「国民」の名の下に、膨張主義的な国権の要求を含みこみ、騒擾という形態もとりながら実践された。もっとも、「国民」の基盤は、矛盾や潜在的な対立を内包しながら二つの階層が交錯し、それぞれに「国民」を主張しており、けっして一枚岩ではない。

二つの階層の結びつきは、このあとも継続する。二〇世紀の初頭には、たびたび都市では騒擾がみられ、一九一八年夏の米騒動まで頻繁に起こる。都市空間には、かくして秩序を動かしていくエネルギーが充満しており、この動きが、大正デモクラシーの発火点になっている。

「帝国」のデモクラシーへ

同時代の観察者として、吉野作造は、こうした動きに対し、「民衆が政治上に於て一つの勢力として動くという傾向の流行するに至った初め」(「民衆的示威運動を論ず」『中央公論』一九一四年四月)と論じている。ここでは「民衆」と表現されているが、日露戦争に勝利をした大日本帝国ゆえに、そこに批判的な主体としての「国民」が登場してくると、吉野は把握していた。政府批判とその主体としての「国民」――二〇世紀初頭の日本のデモクラシーは、日露戦争の熱狂性《ショービニズム》を背景に持ち、「帝国」の構造に規定されたナショナリズムと結合して現れてきている。対内的な姿勢と対外的な要求、政府批判とアジアの人びとへの姿勢に落差を有する「帝国」のデモクラシーであった。

2　旦那衆の住民運動

日比谷焼打ち事件から六年後の一九一一年夏のこと、東京ではガス会社の合併をめぐって、大きな運動が展開されていた。東京のガス事業は、東京ガスが独占的に行っていたが、千代田ガスが創立されると(一九一〇年七月)、値下げ競争が始まり、それを収束させるために、両社の合併計画が持ち上がった。東京市議会の承認が必要な合併であるが、値上げを見越したこの合併に対し、反対運動が展開されたのである。

ガス会社合併反対運動

新聞記者とともに、東京の区会議員、市会議員が中心となり、新聞には、連日、反対運動の動向と予定、決議などが掲げられた。東京の各区会でガス会社の合併反対決議をあげるとともに、演説会を八月下旬から九月にかけて開き、いずれも「満場立錐の地なかりき」という盛況だった(『萬朝報』一九一一年九月一七日)。多いときには、七〇〇〇人余の聴衆が参加している。

さらに、区会の連合である各区連合会を発足させ、ガス会社の合併が「独占」の弊害を持ち、「東京市民を欺くもの」との決議をあげる(『萬朝報』九月一八日)。市議会で合併案が審議される一二月一日には、錦輝館に二〇〇〇人を超える人びとを集めたガス合併反対市民大会が開かれ、合併認可は「市の公益を紊り市民を侮辱し更に市の自治権を蹂躙《じゅうりん》する横暴の挙措《きょそ》」と決議したが、会場は「殺木充満《(ママ)》」していたという（『日本』一九一一年一二月二日）。

運動の中核となったのは、ガスの利用者である中小商工業者、つまり「旦那衆」である。ガスはもっぱら明かりに利用しており、日本橋の魚市場は、抗議のためにガス点灯廃止を決議し（『萬朝報』八月二二日）、神田区の旅館組合業者も合併反対を表明した（同九月二四日）。

「旦那衆」の運動

「旦那衆」である中小商工業者は、都市において分厚い「旧中間層」を形成し、地域の人びと（騒擾の主体となった「雑業層」）を雇用し、鳶《とび》、左官《さかん》、大工など出入りの職人や御用聞きの商人を抱え、居住空間では、雑業層を店子《たなこ》とする家主となる。市議や区議を選出する選挙権を有し、地域の秩序を形成する名望家として振る舞い、東京市のばあい、一五区の区会議員と市会議員によって、その利益が代表されていた。

彼らは、短くても数十年、長いものは江戸時代以来の借地に店舗を構え、日本橋、京橋、神田、浅草など東京の中心部で、長年の信用に基づく人間関係を築きあげた老舗《しにせ》として商工業を営む。

そもそも、旦那衆が運動を展開していくのは、生活の基盤である借地をめぐってであった。日露戦争後には、地価が高騰し地代が引き上げられるが、それにとどまらず、いわゆる「地震売買」が横行した。「地震売買」とは、地主が借地人の了解を得ないままに土地を売却し、そのことを理由に借地人に土地の明け渡しを迫り、「一ト動揺」のために「地上のあらゆる建物を震い落とす」ような行為である(『東京毎日新聞』一九〇八年三月二四日)。

長期間にわたる都市の土地関係の転換に対して、借地人たる旦那衆は、弁護士たちの力を借りながら行動を起こす。議会に「借地人の権利保護の請願」を出し、一九〇八年四月に借地権保護協会を組織し、演説会を開いて借地人の権利を訴え、借地人大会を催し、借地権保護の立法化を図った。先の一九一〇年夏のガス問題に始まり、旦那衆は、一九一三年八月には電灯問題、一九一六年二月には電車問題、一九一八年一二月には再びガス問題と、都市における公益企業をめぐる問題を取り上げ、反対運動を展開していく。借地権保護協会の中心の高木益太郎(代議士、弁護士、『法律新聞』主宰)は、旦那衆を「日本帝国の活動の枢軸になる人間である、此中《この》等種族の盛衰はやはり国力の強弱に影響する」(『法律新聞』一九一一年五月三〇日)と述べて

図**1-2** 「旦那衆」の夫婦(筆者不詳, 1913年).

図**1-3** 鉄道駅で乗降客の手荷物を運ぶ「赤帽」と, 坂の下などで荷車の後押しをする「立ちん坊」. いずれも「雑業層」の典型である(1907年).

いる。

廃税運動

大正デモクラシーは、こうして地域秩序の担い手までもが運動者となり、地殻の根幹から立ち起こる運動となっている。他方で、旦那衆よりやや上層の商工業者たちが、税をめぐる運動を展開していた。商業会議所連合会(五五の商業会議所の全国組織)が、一九〇六年秋から翌年にかけ、日露戦争時に定められた塩専売、通行税、織物消費税を「三悪税」とし、廃税運動を起こしている。商業会議所に集う資本家たちは、特権こそ有していないものの、大きな規模の商工業者であり、旧中間層としては上層の人びとである。中野武営《ぶえい》(東京商業会議所会頭)が中心となり、政界の革新と連動させながら、運動を全国的に展開した。

さらに、一九一四年一月一〇日に営業税全廃同盟会が結成され、三一日には商業会議所連合会も営業税全廃を決議した。営業税は、広範囲な営業を対象とし、収益ではなく、資本や従業員数など「外形的基準」での課税をしており、そのことへの反発である。翌二月一日には、悪税廃止大演説会が大阪で開かれている(江口圭一『都市小ブルジョア運動史の研究』)。

広がる住民運動

東京のほかにも、名古屋、京都、神戸などの大都市では、電車、ガス、電気など公益企業をめぐる住民運動が相次いでいる。また、地域の中小都市でも、事態は同様であった。たとえば、富山県では、富山電気が、一九一一年三月より、電灯料金のほかに器具損料も徴収したため反対運動が起こった。六月六日に、魚津《うおづ》町で、三町連合大会月八日)。

(魚津町、滑川町《なめりかわ》、東岩瀬町)が開かれた。そして、「器具損料を撤回せしむるを以て目的」とする電灯問題連合会を結成し、「宣言書」を採択して活動を開始する(『北陸政報』一九一一年六月八日)。

さらに、農村の旦那衆である名望家たちも動き出し、秋田の安藤和国は、「現行の市制《(ママ)》」は「官僚政治」で、「立憲思想、自治精神に背いて居る」といい、電気やガスの市営を主張した(「秋田市政改善意見」『第三帝国』一九一三年一〇月一〇日)。

労働運動と社会主義者

労働運動も、日清戦争以降、継続している。労働争議の数だけでも、一九〇七年には、呉海軍工廠《こうしょう》、東京砲兵工廠、大阪砲兵工廠、三菱長崎造船所、足尾銅山、夕張炭鉱など、軍工廠、造船所、炭鉱をあわせて六〇件に及んでいる。労働者という自覚をもつ人びとの運動が、都市構造と都市問題を介して、「雑業層」や「旦那衆」の運動との接点を有している。かくして、民衆騒擾、住民運動、労働運動が展開され、地域における旧来の構造と秩序が、その担い手と担い手に連なる人びとによって揺るがせられていた。

このとき、彼らをつなぐ媒介環は、社会主義者であった。たびたびの弾圧にもかかわらず、大逆《たいぎゃく》事件で決定的な打撃を受けるまでは、社会主義者たちの活動は拠点を有しながら、地域の人びととのつながりも形作られていた。日露戦争時に、反戦論を唱えた社会主義者は、一九〇六年一月に最初の社会主義政党である日本社会党を結成し、広範な綱領を掲げた活動を行う。

一九〇六年三月に東京の市電が値上げを図ったときには、社会主義者の西川光二郎《こうじろう》や山口孤《こ》剣《けん》(義三)らと、新聞記者の田川大吉郎《だいきちろう》らが値上げ反対運動を主導し、演説会や市民大会を開催する。一九〇六年三月一五日に日比谷公園で開かれた市民大会は、直後に騒擾となり、西川・山口らは兇徒聚衆によって逮捕されている。

社会主義のネットワーク

同時に社会主義者たちは、日露戦争中からの地方遊説や、社会主義の書籍を売り歩く「社会主義伝道行商」を行っており、各地に社会主義者が存在し、社会主義のネットワークを作り出していた。北海道の札幌平民倶楽部をはじめ、下《しも》野《つけ》同志会(栃木)、北総平民倶楽部(千葉)、横浜曙会(神奈川)、岡山いろは倶楽部など、地域を基盤とした社会主義団体があった。また、『熊本評論』『大阪評論』など、地域単位で社会主義の雑誌が刊行されていた。和歌山の『牟婁《むろ》新報』には、社会主義者である荒畑寒村《あらはたかんそん》や管野《かんの》すがが勤めており、社会主義関係の記事が多く目につく。

あるいは、北海道の社会主義者・原子基《はらこもとい》が、「北海道移民の悲惨」(『日刊平民新聞』一九〇七年)を告発しながら、平民農場を経営し地域で自らの理念に基づく活動を実践するように(小池喜孝『平民社農場の人びと』)、初期の社会主義は言論活動とともに地域での実践活動も試みていた。

また、アメリカに渡った片山潜《かたやません》や幸徳秋水《こうとくしゅうすい》は、現地の社会主義者たちと交流をもち、サンフランシスコなどの拠点でネットワークを作っていた。

だが、一九〇七年二月の日本社会党第二回大会で、社会主義実現の方法をめぐり、ゼネストなどの直接行動に重きを置く幸徳秋水らの直接行動派と、議会を重視する片山潜ら議会政策派とが対立する。直接行動派は、「相互扶助」の思想(クロポトキン)に共感し、政治権力の否定を主張し、無政府主義へと接近していく。大杉栄《さかえ》らが赤旗を振って逮捕された、一九〇八年六月二二日の赤旗事件などは、そうした動向の所産であった。

「国民」の藩閥批判

大正デモクラシーとは、その出発点においては、「帝国」に成り上がった明治日本が、従来の構造では対応できなくなったことに由来して起こる運動の総体となっている。さまざまな階層により、旧来の社会構造と秩序に対抗して展開された運動である。

同時に、デモクラシーの主体をめぐっての込み入った事態が示されてもいる。すなわち、旦那衆の集会参加や運動も、「国民」(あるいは「市民」「民衆」)を標榜し、批判的主体としての「国民」を提示しようとしている。岐阜市で電灯料金の値上げに反対し「消灯同盟」が結成されたとき、そこに赴いた茅原《かやはら》崋山《かざん》は、この運動を「会社対自治人民の戦争」と述べている(「岐阜市に於ける消灯同盟演説」『第三帝国』一九一四年七月一六日)。雑業層の騒擾も、単純ではないものの、記者や弁護士たちによって「国民」の名による批判的潮流に位置づけられている。各層が(名称こそ、統一されずに「人民」「民衆」なども含み、さまざまだが)「国民」を語りだし、

「国民」と名指しされるにいたる。「国民」が跛行《はこう》的に、つまり不完全な形で形成されながら、藩閥に叛旗を翻す事態となっているといえよう。

3　第一次護憲運動と大正政変

明治の終焉　一九一二年七月二〇日、『官報』は号外で、明治天皇の「御容体書」を発行した。翌日の『東京朝日新聞』は、ほぼ紙面全部を使用して「聖上陛下御重態」と報じ、七月一四日以来、具合がよくなかったことや、体温、脈、呼吸数などを記し、識者の談話や人びとの反応もあわせて伝えた。以後、連日、明治天皇の容態と人びとの動向が大きなスペースで記されるが、新聞の見出しは、「御病況混沌」(七月二三日)、「御病勢御不良」(七月二五日)、「御病勢険悪」(七月二七日)と急を告げ、ついには「刻々御危険切迫」(七月二九日)と報じる。

ときの内務大臣であった原敬《たかし》は、たびたび見舞いに出かけた。七月二九日に明治天皇が死去すると、「実に維新後始めて遭遇したる事とて種々に協議をする事多かりしなり」と、日記に書き付けた。同時に、天皇が死去したのは二九日午後一〇時四〇分だが、宮中では「三〇日零時四十三分」と発表することを決めたと続けている。「践祚《せんそ》の御式等挙行の時間なき為めならんかと拝察せり」。そのあとも原は弔詞《ちょうし》を述べたり「天機」をうかがったりと、あわただしく動いている。

七月三〇日の新聞各紙には、「天皇崩御」の大きな活字がならび、「哀辞」が掲げられ、全紙面は天皇に関する記事で埋められた。死後しばらくのあいだ、新聞には黒枠がつけられていた。兵庫県布施村の高等小学校を卒業し、農業を手伝いながら受験勉強をしていた少年・大西伍一は、日記に、「嗚呼《ああ》、運命の神は遂に仰ぐる畏《おそ》れ多き大君をもおかし奉りしか。運命とはいえあまりに急にして果無《はかな》く無常ならざるか。只々《ただただ》われらはいう所を知らず、暗涙《あんるい》自ら眼底に浮びて悲しかりき」と書き付けた(『生意気少年日記』一九一二年七月三〇日)。大葬のあいだ学校は休校となり、人びとは服喪し、祝賀を自粛したことが新聞でも報じられている。

乃木の殉死　こうしたとき、元陸軍大将の乃木希典《のぎまれすけ》夫妻は、大葬当日の九月一三日に殉死した。新聞は、仰々しくその有様を報じたが、大西少年も衝撃を受けたひとりで、奉悼文をしたためている。また「大将の死は国民の惰眠を警醒」したとの意見があり(海老名弾正《えびなだんじょう》「乃木大将の死を論ず」『新人』一九一二年一〇月一日)、「明治の精神が天皇に始まって天皇に終った」と作中人物に言わせる夏目漱石の「心」(一九一四年)にも、「殉死」の影がうかがえる。

おおむね、乃木の人柄を賞賛し、しかし「殉死」には戸惑いをみせている状況であったが、若い世代を中心に冷ややかな心情もみられた。たとえば、白樺《しらかば》派の青年たちは冷淡で、二九歳の青年であった志賀直哉は、日記に「馬鹿な奴だ」と書き付けている。また、桐生悠々《きりゅうゆうゆう》は「自殺若《も》しくは殉死は、封建の遺習」であるとの観点から乃木を批判し（「陋習《ろうしゅう》打破論」『信濃毎日新聞』一九一二年九月一九〜二二日）、政治学者・浮田和民《うきたかずたみ》は、「日本国民」に対して、「世界」に目を向けねばならぬと諫《いさ》めている（「乃木大将の殉死を論ず」『太陽』一九一二年一一月）。

天皇の死とそれに続く乃木の殉死は、これを歴史の区切り目と感ずる意識とともに、「国民」としての自己のありようを点検する素材となったが、「旧思想」に対する新思想や、「世界の輿《よ》論《ろん》」を参照とするあらたな感覚と意識が主張される。

こうしたなかで、「帝国」の政治と社会にかかわる地殻変動は止まらない。

二個師団増設問題

日露戦争前から、政権は桂太郎内閣と西園寺公望《さいおんじきんもち》内閣が「情意投合」して交互に内閣を担当する、いわゆる桂園《けいえん》内閣時代となっていた。藩閥と政党という二つの勢力が、妥協と対抗を孕《はら》みながら政権交代を行っていたが、一九一二年一二月五日、第二次西園寺内閣が、二個師団増設問題により倒れる出来事が起きる。中国への侵略をにらんだ、朝鮮に駐留する師団の増設要求であったが、西園寺内閣は財政上の理由で陸軍の要求を拒否した。反発した陸相の上原勇作が辞表を出し、後継が定まらず、内閣総辞職となった。陸海軍大臣は現役武官であることが求められており、西園寺内閣は、対立した陸軍に倒されたといえる。

原は、桂太郎に向かって、「此増師問題ほど訳の分からぬものなし、世間にては大騒ぎをなし居るも内閣にては上原一言をも余等に洩《も》らさず」「左《さ》までの大問題とも思わざれば何とか解決の方法あらん」と問いかけているが(一九一二年一一月一六日)、軍部が政治勢力として独自の力を有してきた出来事であった。

第一次護憲運動へ

難航の末、後継の内閣となった、第三次桂太郎内閣(一二月二一日成立)に対して、人びとが反発する。二個師団増設を強引に要求し西園寺内閣を倒したのが、陸軍と長州閥とみてとったのである。

すでに一一月下旬には、東京商業会議所が増師反対を唱え、全国の商業会議所を背景に、増師反対実業団を結成していた。また、一二月一九日に歌舞伎座で開かれた第一回憲政擁護大会には、尾崎行雄《ゆきお》(政友会)、犬養毅《いぬかいつよし》(国民党)が出席したこともあって、三〇〇〇人以上の人びとが集まり、開会に先立って「剣気《けんき》既に堂に満てり」という状況であった(『東京朝日新聞』一九一二年一二月二〇日)。一九一〇年に結成された立憲国民党を中心に、政友会や商業会議所も加わって、一二月二七日に憲政擁護連合会が結成され、演説会や大会が開かれ、以後、その勢いはますます盛んになる。

政党とともに、新聞記者などジャーナリズムが、「閥族打破・憲政擁護」を掲げて藩閥批判を展開した。『中央公論』は、「憲政擁護、閥族打破の運動と政界の変動」(一九一三年二月)を特集した。第一次護憲運動と呼ばれる反桂太郎内閣の運動は、東京のみならず、大阪、名古屋をはじめ、日本の各地域で展開されていく。

議会と騒擾

桂内閣のもとでの第三〇議会は、一二月二四日に召集され、慣例によりすぐに休会し、一月二一日に再開されることとなった。あわせて、桂は、一九一三年一月二〇日に新党(のち、立憲同志会)の結成を公表する。桂も政党の必要を認じての結成であり、国民党からは新党に移った者もいた。

攻防のなかで、一月二一日の本会議は開けず、停会はさらに一五日間延長された。再開後の二月五日に、桂の施政方針演説が行われた後、政友会の元田肇《もとだはじめ》、尾崎行雄が登壇し、尾崎は桂内閣弾劾の緊急動議を提出した。このとき、尾崎行雄が「彼等は常に口を開けば直に忠愛を唱え、恰《あたか》も忠君愛国は自分の一手専売の如く唱えておりますが、其《その》為すところを見れば、常に玉座の蔭に隠れて、政敵を狙撃するが如き挙動を執って居る」と、桂が詔勅《しょうちょく》を利用して優諚《ゆうじょう》工作をする非立憲的な態度を追及した。

だが桂は、議会を二月九日まで停会にしたうえ、さらに優諚工作を続けた。これには、原も、「桂が聖旨を仰ぎて議会を抑え又西園寺を毒殺するものとして、憲政上忍ぶべからざる事として党員大に憤激」(『日記』一九一三年二月九日)としたためた。九日に両国国技館で開かれた第三回憲政擁護大会には、一万人を超える人びとが集まっている。

停会あけとなる二月一〇日には、日比谷にあった議会周辺に早朝から人びとが集まり、胸に白いバラをさして登院した憲政擁護派の代議士を迎えた。二月一〇日を「政界の関ケ原、危急存亡の唯一日」という『萬朝報』(一九一三年二月一一日)は、この日の模様を次のように伝えている。議会の附近や日比谷公園には、「国家の大事を憂うる大なる群集」が集まり、人びとは「鬨《とき》の声」をあげ、国民党代議士に対し「万歳、万歳」と叫ぶ。桂に与《くみ》する代議士(「官僚派」)を見つけると、人力車から引きおろし、小突き回したという。騎馬警官が突進したため、人びとは石を投げて対抗し、「大喧騒」の状況が議事堂を背景に展開され、「乱暴、狼藉《ろうぜき》、まるで当年の日比谷事件其儘《そのまま》」との有様であった。こうした混乱のなか、桂はなおも議会の三日間停会を図るが、その知らせが伝わったため、人びとは白バラをつけた代議士を出迎える一方、騒擾を起こすこととなった。

図 1-4　憲政擁護をかかげ，衆議院門前に集まる群衆(1913 年 2 月 5 日)．

議会周辺にいた人びとは「都新聞は官僚新聞だ」と近隣の社屋に押しかけた。社内に入り込み、机椅子から電話まで破壊し、火をつけ、さらに国民新聞社、報知新聞社、やまと新聞社、読売新聞社、二六新報社を襲い、ガラス戸を破り内部を壊し、喚声を上げている。そして、各所の交番や電車を引き倒したり、投石して破壊し、火をつけた。破壊・焼打ちされた交番は八六、焼打ちされた電車は二六台、死傷者は五三人という、大きな騒擾となった。

騒擾は東京だけではなく、大阪や神戸でも起こっているが、東京の起訴者の内訳は、職人、店員、職工らが多く、騒擾の主体がここでも「雑業層」であることを示している(表1－1)。加えて、学生の起訴者が目立ってもいる。世代という要素も入り込みつつあるといえよう。

大正政変

停会と同時に、桂は辞職を決意していたが、政友会の幹部であった原敬は、「若《も》し尚《な》お辞職せずんば、殆んど革命的騒動を起したる事ならんと思わる」と記している(『日記』一九一三年二月一〇日)。こうして、一九一三年二月一一日、桂内閣は総辞職した。「大正政変」と呼ばれる出来事であるが、地殻変動は政党の力とあいまって、ついに政権を倒すまでに至っている。

原は、二月一三日から一九日までの日記をまとめて記し、「此数日間は非常に多忙にて覚書をも認《したた》め置くの余暇なかりき」「尤《もっと》も大体は内閣組織に関して混雑を極めたるものなり」とした。第三次桂内閣は、五三日の短命内閣に終わり、桂自身も程なく没した。なお、桂新党が、立憲同志会として実現したのは、その年、一九一三年の暮れのことであり、ここに政友会に対抗する政党が出現することとなった。

桂太郎の後続の内閣は、薩摩派の海軍大将・山本権兵衛《ごんべえ》が受け継ぎ、政友会が協力の態勢をとった。山本内閣は、行政整理とともに、文官任用令の改正、陸海軍大臣武官現役制の緩和に取り組み、藩閥の力を減ずることとしたが、これは原によれば「国内の輿論を緩和する要件」(『日記』一九一三年三月六日)であった。文官の自由任用の範囲を拡大し、陸相・海相の任用資格を現役の大将・中将から、予備役・後備役の大将・中将にまで拡大したことは、政党の行動を拡大し、藩閥勢力の防壁の解除を図るものであった。

しかし、尾崎行雄ら二四人は「閥族との握手」を嫌い、政友会を脱党し、政友倶楽部(のち、中正会)を結成した。また、国民党も、政友会との提携を断った。尾崎、犬養らは一九一三年三月一二日に、代議士、実業家、新聞記者ら一五〇人で憲政擁護会を結成し、「憲政擁護」のもとに批判的活動を開始した。この憲政擁護会は、同時に、織物消費税、営業税、通行税の廃止を求める廃税運動を、一九一四年一月から展開した。二月二日の臨時総会では、「長閥打破と同一の精神に拠り薩閥の根絶を期し海軍を廓清《かくせい》する」(『東京朝日新聞』一九一四年二月三日)と、山本内閣を薩摩閥として批判する。

シーメンス事件

一九一四年の劈頭《へきとう》から、山本内閣は思わぬ事態に直面する。ドイツのシーメンス社とイギリスのヴィッカース社が、日本の海軍士官に「コンミッション」として賄賂《わいろ》を贈っていたことが、新聞に報道され、三井も絡み、大規模な汚職事件へと発展したのである。予算委員会でも、島田三郎(同志会)らにより追及され、野党(同志会、国民党、中正会)は内閣弾劾決議案を提出した。

二月初頭から、連日、この事件を批判する演説会や大会が開かれ、海軍廓清大演説大会が催された。二月一〇日に日比谷公園で開かれた内閣弾劾国民大会に集まった数万の人びとは、弾劾決議案の否決を知り、議会に赴き、そこで警官隊と衝突する。政友会の本部や、政友会系の中央新聞社も包囲するという騒擾を、再度、惹き起こした。これらを背景に、山本内閣は三月下旬に総辞職した。

地方の地殻変動

こうした一連の動きは、旦那衆(旧中間層)を主体としていたが、地域においては、護憲運動の動きのなかから、恒常的な組織として「市民的政治結社」の存在が指摘されている。この様相についてはのちに触れるが(第2章第3節)、時事的な問題が政局に波及し、東京だけではなく、広範な社会の変動が起こっていたことがうかがえる。

富山市では、富山新聞社主催で、一九一四年二月五日に「廃税問題第一回県民大会」が開かれ、一〇〇〇人もの人びとが集まり、新聞記者を中心に講演、演説が行われた。「減税計画」を放置する政府を批判し「悪税たる営業税の撤廃」を期し、「海軍腐敗は彼《か》のシーメンス事件の暴露によりて内容既に明確となれり」という。そして、「国民」とともに「国家の威信」を「完保すべきことを期す」との三項目を「決議文」とした(『富山日報』一九一四年二月六日)。地元選出の代議士・本田恒之を招いて講演を行う一方、「決議」に従わない代議士には「投票を為さざる事」をも合わせて述べている(同)。

大正デモクラシーとは、こうした大きな変動を形づくる、新しい世代と連動した動きでもあった。『中央公論』(一九一四年四月)は、「民衆の勢力によって時局を解決せんとする風潮を論ず」という小特集を行い、浮田和民、林毅陸《きろく》、永井柳太郎、吉野作造の寄稿を得ている。地殻の変動を促す「国民」(「民衆」)の台頭は、政治にとどまらず思想の問題でもあった。

4　民本主義の主張

新造語・民本主義

経済学者の河上肇《はじめ》が「近頃頻《しき》りに民本主義の語を聞く」(「民本主義とは何ぞや」『東方時論』)と述べたのは、一九一七年一〇月のことであった。大正デモクラシー期の前半の思想的な主調音は「民本主義」である。民本主義は、「立憲」「憲政」などの語とともに、デモクラシーを考察した「新造語」として用いられている。

この語の最初の使用者は、新聞記者でのちに雑誌『第三帝国』を主宰する茅原崋山といわれる。しかし、民本主義は、各人が各様に使用し「時として甚しく其内容を異にするものの如く」(河上肇)という有様で、はっきりとした定義はみられない。民本主義を論ずる者は、茅原をはじめ、植原悦二郎《うえはらえつじろう》、室伏高信《むろぶせこうしん》ら多くいるが、その代表者として振る舞ったのは、これまでしばしば登場してきた吉野作造である。

一九一六年一月の『中央公論』に発表した論文「憲政の本義を説いて其有終の美を済すの途を論ず」が、吉野の民本主義の考え方をもっともまとまった形で論じている。雑誌論文でありながら、一〇〇ページを超える長大なものである。ここで吉野は、政治の目的と方針の決定、および政治制度とその運用を議論の中軸に置き、ヨーロッパを中心とする各国の歴史や現状の事例を豊富に紹介しつつ、民本主義論を展開する。成熟した「国民」の存在(「国民の教養」)を前提としたうえで、「立憲政治」という「憲法を以てする政治」について論じ、その立憲政治の根本に民本主義を置く。民本主義を定義して、吉野は「一般民衆の利益幸福並びに其意嚮《いこう》に重きを置くという政権運用上の方針」とした。

吉野作造の民本主義

吉野は、民本主義をデモクラシーの訳語とする。このとき、デモクラシーには、いまひとつ「民主主義」の訳語があるが、これは「国家の主権は人民に在り」というもので、君主国・日本にはふさわしくないと斥《しりぞ》ける。吉野は、民本主義を主権の存在ではなく、主権の運用の概念としたうえで、政治の目的を「一般人民の利福」に置き、政策の決定は「一般人民の意嚮」によるものとした。「主権」は天皇にあることを前提とし、「人民の為め」の政治、「人民の意嚮」を重視する政治として、民本主義が提唱されたのである。

この点から、吉野は、「国民」を疎外する枢密院や貴族院、藩閥や元老の存在、「超然主義」に基づく内閣を批判することとなる。それら封建的で専制的な旧体制、旧勢力を、「憲政」(民本主義)の理念で改革し、自由主義的な改革を対置し、政党政治の実現、選挙権の拡張、下院(衆議院)の重視などを主張した。吉野の民本主義は、「封建時代に多年養われたる思想と因習」がなお制度のうえに「残存」しているという認識——旧い藩閥との対決の位相において、リアリティを持っている。

吉野は、言い方こそ「国民」「人民」「民衆」と一定していないが、デモクラシーの単位を「国民」とし、制度の運用の点でデモクラシーを把握していた。選挙の一票は「国家の運命」にかかわり、「投票は国家の為め」にするものとし、「国民」の育成を図り、よりよき国民国家の運営としてのデモクラシーの主張を行っている。要するに、民本主義とは、「国民」を基点とし、大日本帝国憲法の運用によって政治・社会の改良を図る議論といいうる。

変化する吉野

民本主義の背景には、これまで見てきたような日露戦争後からの「国民」(「民衆」)の登場があるが、実のところ、吉野は日露戦争には同調的であり、このときには愚民観も見られた。また、後述するように、中国侵略の対華二一カ条要求に対しても、それを支持していた。

だが、吉野は、同じ一九一六年の『中央公論』誌上に、中国革命を支持し、日本の中国政策を批判する「対支外交根本策の決定に関する日本政客の昏迷」(三月)と、植民地統治としての憲兵政治を批判した「満韓を視察して」(六月)を公表している。中国や朝鮮の民族《ナショナリズム》の主張に目を向け、対外的にも、強圧的で自由を抑圧する軍閥主導の政策を批判した。吉野の民本主義の議論は、こののちも、状勢のなかで修正を行っていくこととなる。

対内・対外面における旧制度と強圧的な旧思想、および閥族に対する批判――ここに、吉野の民本主義をうかがうことができる。こうした民本主義の背後には、第一次世界大戦の開始の影響があり、第二インターナショナルの活動という世界的な動向が無視できない。

天皇機関説論争

吉野の民本主義に反論し対抗したのが、憲法学者・上杉慎吉《しんきち》であることも、このことを裏づけている。上杉は、すでに一九一二年に憲法学者・美濃部《みのべ》達吉《たつきち》とのあいだに、いわゆる天皇機関説論争を展開した人物である。美濃部が唱える天皇機関説とは、国家は法律上の人格を有し、法人としての国家が主権の主体となり、天皇は国家の最高機関となるという学説であり、自由主義的な憲法解釈であった(『憲法講話』)。この学説に対し、上杉は天皇による統治を理論上排斥するものとして批判したため(「国体に関する異説」『太陽』一九一二年六月)、美濃部とのあいだに論争となった。

上杉、美濃部は、ともに大日本帝国憲法を前提としながらも、上杉が「帝国国体」に焦点を定め天皇主権を論ずるのに対し、美濃部は統治権の運用で立憲制の道を探っており、藩閥政府や政党政治に対しては正反対の態度となる。この上杉が、吉野の主要な論敵であった。また、植原悦二郎らその他の民本主義者も、上杉への批判を行っている。

吉野批判と民本主義の潮流

もっとも、吉野の民本主義は、しばしば主権論の欠落が批判され、同じ民本主義者からも、「憲政の本義」論文には多くの批判が出された。茅原崋山は「デモクラシイを使い分けたる吉野博士」(『洪水以後』一九一六年二月一日)と述べ、「デモクラシー」とは「人民の支配」という室伏高信は、吉野はデモクラシーの意味を狭くしていると議論の不徹底さを批判する(「代議政治を論じて吉野博士に質《ただ》す」『雄弁』一九一六年三月)。

だが、吉野は、原則的であるよりは、選挙権拡張や、言論の自由を含む社会的な自由に議論の比重を置き、現実的で実効的な提案を行っている。一見、妥協的に見えるが、制度の改変を要求し、「旧時代の遺物たる所謂《いわゆる》特権階級」を「民権の発達」の観点から批判し、「一般人民」という政治上の主体を抽出し、持続的に議論を行った点にその資質を見出せよう。

民本主義は、多様で幅広い潮流を有していた。茅原崋山が主宰する雑誌『第三帝国』には、植原悦二郎や犬養毅、尾崎行雄ら旧制度への批判者が寄稿するほか、『中央公論』の常連であった田川大吉郎や、『東洋経済新報』に拠点を置く三浦銕太郎《てつたろう》らも顔を見せ、民本主義を鼓吹していた。『第三帝国』の投書欄「青年の叫び」には、地域の青年たちが投稿している。たとえば福岡の上川利平は普通選挙を要求し、「彼ら〔労働者〕に最大の利権となるべき普通選挙権を与えて彼らを人間とせねばならぬ。彼らの血管にも吾らのごとき血球を活躍させてやらねばならぬ」(「労働者に与えよ」一九一五年一月一五日)と、普選による現状改革の議論を行う。民本主義が、中央の思想家にとどまらず、地域的に広がりを持ち、とくに若い世代が積極的に参画していることがうかがえる。

また、『東洋経済新報』での石橋湛山《たんざん》の議論も、国家のよりよき発展を図る立場から現状批判をし、さらに、文学の分野でも、『白樺』『反響』などに集《つど》った青年たちも、それぞれの立場から抑圧的な体制を批判していた。『白樺』創刊号（一九一〇年四月）は、「互いの許せる範囲で自分勝手なもの」を掲載するといい、旧思想からの踏み出しを宣言している。

立憲主義と帝国主義

だが、民本主義の議論は、帝国の根幹にふれるところまでには及んでいない。大日本帝国憲法の壁とともに、帝国意識が大きく立ちはだかっている。

そもそも、民本主義の基礎をなす立憲主義の出発点は、「内に立憲主義、外に帝国主義」を唱えるところにあった。民権論と国権論、自由主義と国権主義を結合させ、双方により「国家の隆盛」を維持するとの主張である（高田早苗「帝国主義を採用するの得失如何」『太陽』一九〇二年六月）。また、浮田和民は、「過去の帝国主義」と区別し、「現今の帝国主義」には「多くの倫理的要素」があり、「軍事的」でなく「国民の経済的要求」であることをいい、経済的な膨張主義は容認している（『帝国主義と教育』一九〇一年）。「国民」を主体とした立憲主義とその観点からの変革を唱えると同時に、帝国主義を再定義して、侵略武力ではなく、経済的な膨張をいう。浮田は、「倫理」をもつものとして経済的な帝国主義を肯定していく。

この帝国主義を容認する立憲主義や民本主義の観点からは、膨張主義に対しての歯止めがなされにくい。

三浦銕太郎の小日本主義

この点にぎりぎりまで踏み込み、膨張主義に挑んだのは、三浦銕太郎である。「大日本主義乎《か》小日本主義乎《か》」(『東洋経済新報』一九一三年四月一五日～六月一五日)や「満州放棄乎《か》軍備拡張乎《か》」(同一九一三年一月五日～三月一五日)で、三浦は、「大日本主義」を「領土拡張と保護政策」によるものとする一方、「小日本主義」はそれに反対し「内治の改善、個人の自由と活動力との増進」を手段とするものとした。

三浦は、財政上の数字を挙げながら、「大日本主義」の「禍根《かこん》」を指摘し、台湾、朝鮮、樺太および租借地の関東州を領有することの「国民的の大浪費」を訴える。しかも、その金銭的負担にとどまらず、「軍閥の跋扈《ばっこ》」「軍人政治の出現」「軍人謳歌の感情」をその「禍害」として挙げ、「大日本主義の大幻影」を厳しく批判する。「日本」のありようを憂えての批判であり、よき国民国家を目指すがゆえの「大日本主義」批判である。

三浦の議論に対しては、中野正剛《せいごう》「大国的大国民人物」(『日本及《および》日本人』一九一三年一一月)が「国としては大国を建つべし、国民としては大国民を成すべし」と反発を見せたが、『東洋経済新報』は、経済的な合理主義の立場から、「小日本主義」を唱えて植民地領有に疑義を呈し、軍備拡張にも反対する主張を行っていく。

一般的な読者を相手とする『太陽』『中央公論』などが、人びとの動向に左右され、歯切れが悪くなるとき、小雑誌である『東洋経済新報』は批判的な民本主義者の顔をはっきりと打ち出し、民本主義のラジカリズムを貫いていく。この後も『東洋経済新報』は、石橋湛山らにより、選挙権拡張、さらに普通選挙制度の採用を唱え、植民地放棄を主張し、民本主義のもっとも急進的な議論を提出する。

大逆事件と「冬の時代」

民本主義の歴史的位相を考察するためには、いまひとつ、批判的な言論である社会主義との関係にも言及しておく必要があろう。

一九一〇年以降、社会主義者たちは、大逆《たいぎゃく》事件により公然の活動を封じ込められ、いわゆる社会主義の「冬の時代」に陥った。大逆事件は、社会主義者の宮下太吉《たきち》らが爆弾を製造したこと、同じく内山愚童《ぐどう》がダイナマイトを所持していたことを「明治天皇の暗殺」という容疑に仕立て上げ、社会主義者を一気に弾圧しようとした出来事であった。天皇暗殺はおろか、爆弾製造に関与しなかった社会主義者たちが次々に逮捕され、幸徳秋水、管野すがら二四人が大逆罪により死刑判決を受け、一九一一年一月に一二人に死刑が執行された。司法官僚である平沼騏一郎《きいちろう》らが作り上げたといわれる大逆事件により、社会主義の運動は一挙に逼塞《ひっそく》し、これまで共感を持っていた人びとも衝撃を受け、社会主義からは距離をとることとなる。社会主義者は、それまでにも尾行がつき、行動のひとつひとつが監視されていたが、大逆事件以後はさらに厳しくなった。徳冨蘆花《とくとみろか》のように、敢然と政府に対し批判を行った人物もいるが（「謀叛《むほん》論」）、多くの人びとは表立っての活動をなすすべもなかった。

生き残りの社会主義者である堺利彦《さかいとしひこ》は、売文社（一九一〇年一二月設立）を経営して糊口をしのぐ算段をするかたわら、戯文に満ちた機関紙『へちまの花』（一九一四年一月）を刊行した。また、大杉栄《さかえ》、荒畑寒村らは『近代思想』（一九一二年一〇月）を発刊し再起を期す。あるいは、ともに社会主義者の結束を維持する試みである。あるいは、社会主義者たちに資金提供を行い、自らもそこに参画した経験を持つ、医師・加藤時次郎は、一九一二年に東京・新橋に実費診療所（のち、平民病院）を創設して、低廉医療を行い「中等貧民」を救済しようとする。

それぞれの温度差はありながら、「日本の社会主義運動は今まさに一頓挫の場合である。従って総《すべ》ての社会主義者はここ暫《しば》く猫をかぶるの必要に迫られて居る」（堺利彦「大杉君と僕」『近代思想』一九一三年一〇月）という状況であった。

こうしたなか、一九一五年三月の総選挙に、文学者・馬

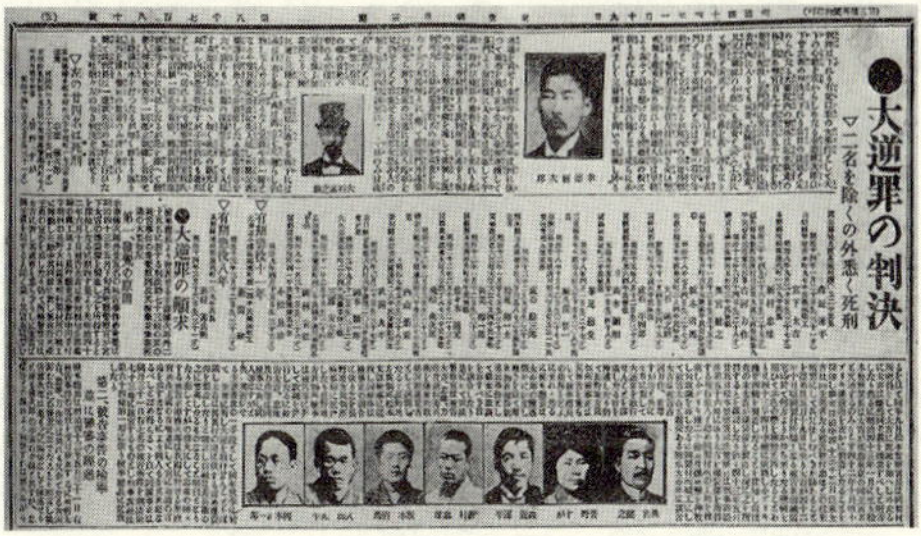
●大逆罪の判決
▽二名を除くの外悉く死刑

図 1-5　幸徳秋水以下 24 人に死刑，2 人に有期刑という大審院判決を報じる『東京朝日新聞』(1911 年 1 月 19 日).

場孤蝶《こちょう》が「選挙権の大拡張」「軍備縮小」などを掲げて立候補したとき、売文社の安成貞雄《やすなりさだお》が選挙事務を取り仕切り、社会主義者と民本主義者の緩やかな「共同戦線」が実践される（松尾尊兊『大正デモクラシー』）。また、売文社には、民本主義者の顔がみられ、『近代思想』は、『白樺』に対しての親近感を述べている。民本主義者と社会主義者とは、断線していたのではなかった。

だが、社会主義者が展開していた帝国主義批判は、すでに見たように、民本主義者にはなかなかに困難である。かつては、「愛国心」「軍国主義」を焦点に「帝国主義」を批判する、幸徳秋水『帝国主義』（一九〇一年）の出版をはじめ、平民社の活動や、週刊『平民新聞』などの機関紙を通じて、膨張主義や戦争への批判が活発に展開されていた。しかし、社会主義が弾圧により逼塞したとき、帝国主義への批判は急速に衰退する。

民本主義の歴史的な評価が揺らぐのは、内政的には自由主義を主張しているが、それが国権主義と結びつき、対外的には植民地領有や膨張主義などを容認し、帝国とのきっぱりとした態度がとりにくいためである。こうした点から、民本主義は一国デモクラシーといいうるが、それは、まさに帝国のデモクラシーの姿でもあった。吉野作造や、とくに『東洋経済新報』グループは、この後も、一国デモクラシーの臨界までの議論を提供していくこととなる。

5　「新しい女性」の登場

『青鞜』の女性たち

「元始、女性は実に太陽であった。真正の人であった。今、女性は月である。他に依って生き、他の光に依って輝く、病人のような蒼白い顔の月である」(「元始女性は太陽であった」)。雑誌『青鞜《せいとう》』の創刊号(一九一一年九月)に掲げられた、平塚らいてうの評論の書き出しである。これまでの擬古文とは異なった文体と形式で女性性を宣言する。『青鞜』に集った女性たちも、旧制度と旧勢力への批判を開始した。

『青鞜』を刊行した青鞜社は、「青鞜社概則」第一条に、「女流文学の発達」を図り、「各自天賦の特性を発揮」させ、他日、「女流の天才」を生みだすことを目的とすると定める。第五条には、その「目的」に賛成した女流文学者やそれになろうとする「女子」は「人種を問わず」社員とするとした。また「男子」に関しては、目的賛同者で「社員の尊敬するに足ると認めた人」に限って「客員」とする。二〇世紀初頭の帝国の地殻変動は、女性たちの主体をも動かした。

青鞜社の発起人は、中野初子(東京)、保持研子《やすもちよしこ》(愛媛)、木内錠子《きうちていこ》(東京)、物集和子《もずめ》(東京)と平塚明子《はるこ》(らいてう、東京)であり、物集を除く四名は、みな日本女子大学校の卒業生であった。『青鞜』の執筆者は一五〇人ほどで、社員は九〇人から一〇〇人のあいだと推測されているが、

図 **1-6** 『青鞜』に集った女性たち．右から 2 人目が平塚らいてう(1912 年)．

賛助員を含めると、関係者の出生地は二三府県に及んでいる。高等教育を受けた女性も少なくなく、自己を表現しようという意志を持つ女性たちが「文学」という形式をとりあえず選択し、全国から集合した。

良妻賢母に抗して

『青鞜』に集った女性たちが念頭に置き、批判の対象としていたのは、「良妻賢母」思想である。「良妻賢母」とは、女性たちを、「妻」として私的な領域である家族にとどめおくとともに、将来の国民を生み育てる「母」としての献身的な営みを通じて、国家(公)に連結し統合するという近代社会の規範である。良妻賢母思想は、一見、女性の役割を認めるように見えながらも、女性の主体を損ない、男女の実際的な不平等と不自由を作り出すものとして、平塚らは厳しい批判の対象とした。

男性社会に対抗すべく、平塚らいてうは「私は新しい女である」と宣言し、男性の便宜のために作られた「旧き道徳、法律」を「破壊」しようと述べた(「新らしい《ママ》女」『中央公論』一九一三年一月)。また、翌二月には神田のキリスト教青年会館で、青鞜社第一回公開講演会として、

「新しい女」講演会を行い、一〇〇〇人近くの聴衆を集めた。これ以前にも「新しい女」という言葉はあったが、らいてうは、女性の立場から、男性のいう「新しい女」を再定義し、批判的な概念に作り変え、女性たちの宣言としたのである。このとき、男性たちの反発は強く、青鞜社の女性たちへの中傷や揶揄《やゆ》が多く見られた。

「私」の実現へ

四年六カ月のあいだに五二冊刊行された『青鞜』には、女性たちの多くの文章が掲げられ、それぞれに自己を主張し、自己を疎外する男性社会を批判した。荒木郁「手紙」(『青鞜』一九一二年四月)は、不倫の関係を描く小説だが、恋愛に自己実現を求めた(この号は、発禁処分。なお『青鞜』は、この処分を三回受けている)。また、「個性」を重視し「自己を生かすこと」に努めるという岩野清子は、「新旧思想の衝突」をも辞せず、「家庭を呪い」「旧道徳を破壊」することをいう。そして、「自我」に頼り、「自我」を充実せしむる「個人主義」を標榜する(「個人主義と家庭」『青鞜』一九一四年九月)。

さまざまな形式や文体により自己実現の方策を探り、家庭や生き方の理念を記し、恋愛や結婚、離婚を論じているが、『青鞜』に掲載された作品は、自己の体験を告白的に重ねて内面を綴り、悩みや想いを語るものが少なくない。小説には、教師やタイピストなどの職業をもつ女性たちが登場してもいる。

彼女たちが目指していたのは「私」の実現であり、男性とは異なる価値観と生き方をもつことであった。さきの「元始女性は太陽であった」では、男性を羨《うらや》み、男性を真似て、同じ道を「少しく遅れて歩もうとする女性」の姿は見るに忍びないと述べている。そのために、結婚制度を拒絶し、家族制度を批判するとともに、恋愛を重視する。恋愛が人間の自然の感情として、自我の尊重と重ねられ、恋愛を通じて「個」を追求する姿勢を探ることとなる。このことは、社会や世間の「良俗」と対立するのみならず、理念としては、近代を支える男性化した「国民」とは異なるありようを求めるものになる。また、男性との関係による女性ではなく、女性自らの自立の論理を探ろうとし、性的な関係を軸とした、自己の定立の主張となった。

こうして、『青鞜』は、女性の性的な存在を出発点とし、そこからさまざまな関係性が探られ、性別に基礎をおく役割分担への疑問が表現された。

「貞操」と「堕胎」

青鞜社は、一九一三年九月に概則を改正し、「女流文学」に力点を置く姿勢に、「女子の覚醒」を付け加えた。また、一九一四年一一月からは、「習俗打破」をいう伊藤野枝《のえ》が編集主幹となり、『青鞜』の誌面にも変化が現れてきた。その例として、「貞操」「堕胎」「廃娼」をめぐっての論争が、『青鞜』などを舞台に展開されたことをあげうる。「貞操」と「堕胎」をめぐる論争に、少し立ち入ってみよう。

「貞操」論争の発端は、生田花世《いくたはなよ》「食べることと貞操と」(『反響』一九一四年九月)であった。生田は、問わず語りに自らの体験を「告白」しながら、「女の独立」を実践しようとしたとき、

「食べることと貞操との事実」に直面したこと、すなわち「貞操」を生活の手段としたことを示唆した。これに対し、安田皐月《さつき》は、生田に対し、猛烈な反発をした。生田の言は「ほとんど醒めた女の叫び声とは思われないほど自己を侮蔑した言葉だ」といい、「人間」「女」「自分」を葬り去るものと強い調子で批判する(「生きることと貞操と」『青鞜』一九一四年一一月)。また、このやり取りに伊藤野枝も参入し(「貞操についての雑感」同一九一五年二月)、生田を批判しつつ、女性とともに男性の「貞操」も問題とするべきであると述べた。

さらに、こんどは安田皐月が書いた、貧困ゆえに「堕胎」した女性を主人公とする創作(「獄中の女より男に」同一九一五年六月)に対し、批判が投げかけられる。伊藤野枝は、『青鞜』の同じ号で、安田に対し、「いのち」を育んだものを「堕胎」することに疑問を呈する(「私信」同)。

その伊藤に対し、平塚らいてうが、これまたみずからの体験を元にして、「避妊」に対するためらいを告白しつつ、「「性」としての婦人の生活――種族に対する婦人の天職」と「「個人」としての婦人の自分自身の生活」とのあいだの「矛盾衝突」を指摘する。平塚にとってみれば、安田や伊藤は女性性を見過ごして、「貧困、即ち生活難」にのみ問題を収斂させているように見えたのである(「個人としての生活と性としての生活との間の争闘に就いて」同一九一五年九月)。

『青鞜』の人びとの主張は、一九二〇年に『新女子』を創刊する朝鮮半島の女性たちとも連動しており、二〇世紀初頭の東アジアの女性たちの活動には、共通のものが見られた。もっとも、『青鞜』には「民族」への言及はなく、帝国の女性としての問題はまだ日程には挙げられていない。

こうしたなか、『中央公論』の臨時増刊「婦人問題号」(一九一三年七月)が刊行され、さらに『婦人公論』(一九一六年一月)、『主婦之友』(一九一七年二月)が創刊された。『主婦之友』創刊号は、一二〇ページ、一万部の発行であった。経済面への言及とともに、家庭生活の合理化を図り、衣食住にわたる実際の知識を提供し、女性たちに「主婦」としての主体化を促す(第5章第2節)。

身の上相談

むろん、こうしたことに足を踏み出せない女性たちが、数としては圧倒的に多い。『読売新聞』は、一九一四年四月三日から「よみうり 婦人付録」をつけ、そこで女性たちを励まし、あらたな家庭像を「中流」と重ねながら提供した。なかでも、「婦人付録」で「身の上相談」を開始したことが着目される(一九一四年五月二日)。

私は許婚《いいなずけ》のある者ですが、以前あるほかの男性に接吻されたことがあります。(中略)はたして接吻は、古来、日本でいう意味で身を汚すも同様でしょうか。もしそうなら、こんな汚れた身をもって純粋な許婚の夫と結婚する資格はないと思います。それゆえ、一生独身で送ろうと思いますが、いかがでしょうか。(下の園さゆり子、一九一四年九月一八日)

このとき、回答者は「心から許して」接吻されたのでない以上、「けっして身を汚していない」と述べており、「こころ」の問題として収拾を図るが、純潔の規範そのものは改変することはしない。逆に、煩悶する相談者の「乙女心」を評価し、規範を強めている。

「身の上相談」は、女性たちに相談を通じての主体化を促した。また、この欄を読む女性読者たちは、相談者と回答者とのやり取りのなかに、自明視し自らを拘束していたありようが、ひとつの規範として提示されるさまを見ることとなる。自縛のからくりが、懐疑の対象とされ論議されることにより、相対化されていくことにもなったろう。

さらに、女性たちを捉えていたのはこうした動きだけではない。一九〇一年二月、奥村五百《いお》子《こ》によって設立された愛国婦人会は、日露戦争で出征部隊への送迎から、留守家族への慰問、傷病兵や戦死者遺族への慰問、戦病死者の会葬のほか、慰問袋を贈り、金品の寄付も行っていたが、その後も活動を継続する。各地に愛国婦人会の支部が作られ、地域の名家の女性たちが集い活動した。朝鮮での義兵運動弾圧のための出兵やシベリア出兵のときにも慰問袋を贈っており、草の根の保守も、組織化を通じて活動していた。国民の一人として男性を補助することが女性の役割であるとする潮流も、大きく動き出している。

「新しい女」へ

だが、「新しい女」たちへの支持は、じわりと広がっていた。『北陸タイムス』(一九一四年七月二九日)に掲げられた、赤壁夕潮「新しい女の為に」は、「新しい女」が登場してから年月が経ったが、社会にはいまだ「無智な、無理解な、無省察な無益な嘲笑《ちょうしょう》と迫害」が絶えないと批判する。「新しい女」たちへの無理解と嘲笑に対して、憤りをぶつけた論評となっている。そして、赤壁は、「時勢は彼女等の極少数者を覚醒せしめた。自覚したる少数の新しき女が幾百年来男子の奴隷たりし虐遇から脱して、真実の人間たり真実の女たるべく努力しつつ、且つ多数の両性に向って覚醒を促しているのだ。それが何故悪い乎《か》」と、全面的に「新しい女」を擁護する。食事の世話と子育てだけの「泥人形」を好む男は、男自身が「泥人形」と同等であると、男性への批判を展開していく。

第2章　第一次世界大戦と社会の変容

青島陥落を祝う花電車のパレードには，多くの群衆が集まった(1914年11月，毎日新聞社).

1　韓国併合

台湾支配

一九一二(明治四五)年に台湾に紀行した「無言生」は、「台湾が、今尚お、内地人に知られざる事は驚くべきなり」と慨嘆する一編を草している。東京では、「生蕃《せいばん》」(台湾の先住民を、差別的にこのように呼んでいた)の勇猛さと、台湾のマラリアや赤痢などの恐ろしさは伝えるが、台北の市街が清潔で臭気もなく、下水が整いボウフラもいないことは報じない。植民地・台湾の状況が、非文明としてのみ伝えられ、文明の側面が無視されていることを嘆じた紀行文である(「台湾の啞旅行」『太陽』一九一二年三月)。

日清戦争によって台湾、澎湖《ほうこ》諸島を植民地として獲得した大日本帝国は、医療や教育政策を通じて「文明」をもちこみ、近代産業を育成するなどの手法による統合を図っていたことが、このように記されている。だが、「無言生」は続けて、「何《いず》れの日か、生蕃を取り片附《かたづ》けて、台湾全部を我国の大農園たらしむべきか」とも述べている。

台湾では、日露戦争後のこの時期に至っても住民たちが植民地化に抵抗し、戦闘が続いていた。先住民の抵抗を抑えるために「理蕃事業五カ年計画」(一九〇九〜一五年)が出された。鉄条網をはり、地雷を敷設するなど先住民の居住地を縮小し、強制移住をさせたり、あるいは日本人警察官との結婚を奨励するなど、制圧と懐柔策による支配が行われていた。

また、日露戦争により、日本はあらたに南樺太を植民地とし、「満州」への鉄道敷設権を認知させ、植民地や進出の地域は拡大していった。樺太では、一九〇五年七月より樺太民政長官が統治したあと、一九〇七年四月に樺太庁が設置され、初代の長官には、樺太守備隊司令官・楠瀬幸彦《くすのせさちひこ》(陸軍少将)が兼務した。当初は内務大臣の指揮監督のもとにおかれ、次第にかたちを整え、一九二九年六月からは拓務省の管轄となる。樺太庁長官は、初代のほかは文官であった。樺太の「始政」の日は、樺太民政長官が、西海岸中部のアレクサンドロフスクに上陸し、民政施行の端緒をひらいた八月二三日とされている(『樺太庁施政三十年史』上下)。当初、ロシア人、ウ

南樺太と満州

図2-1　台湾の日本人警察官と現地の人びと．住民にとって警察は日常的に接する日本の植民地権力だった(東京大学総合研究博物館蔵)．

図2-2　「南樺太」の街・豊原の光景(現在のユジノ・サハリンスク)．樺太庁が置かれ，区画整理が進められた(北海道大学附属図書館蔵)．

イルタなど少数民族により、四〇六戸、一九九〇人しかいなかった人口は、三〇年を経て、六万余戸、三三万余人と大幅に増加したが、これは、日本人の移住によるところが大きい。樺太周辺は、世界三大漁場の一つであり、魚が豊富に獲れた。森林を有し、石炭や油田などの地下資源もあり、のちに、製紙パルプ業が営まれる(同)。

「満州」には、日露戦争後、奉天《ほうてん》(瀋陽)、ハルビン、長春などに領事館を置き、遼東半島の租借地を関東州とし、一九〇六年九月に旅順に関東都督府を置いて統治した。都督には陸軍の大中将をあて、あわせて駐屯軍司令官を兼務させたが、のちに関東都督府は権限が縮小された(原敬内閣の官制改革で、一九一九年四月に関東庁となる)。このとき以降は、長官は文官となり、あらたに関東軍が創設されることとなる。

また、南満州鉄道株式会社を設立し(一九〇六年一一月。初代総裁は、後藤新平)、満州経営に本格的に乗り出す。満鉄は、半官半民の会社で、鉄道事業のほかに炭鉱や製鉄所の経営など幅広く事業を営むほか、附属地の行政権も有していた。「満州」には、日露戦争後からとくに第一次世界大戦をへて進出が進んだが、それでも日本人の居住の地域は、満鉄附属地と関東州に限られていた。一九〇七年一一月からは、日本人向けに『満洲日日新聞』も刊行される。

韓国併合と武断政治

日本政府は、一九一〇年八月に韓国政府に対し「韓国併合に関する条約」を強制し、朝鮮総督府を置き、朝鮮半島を植民地化するに至った(なお、現在、韓国では、銃剣で脅し結ばせたことや、第二次日韓協約の調印手続きの不備から、「韓国併合条約等旧条約無効論」が言われている）。併合条約は、「韓国皇帝陛下は韓国全部に関する一切の統治権を完全且永久に日本国皇帝陛下に譲与す」とし、国号を韓国から朝鮮とした。そして、朝鮮総督府は、法律に代わる命令である「制令」を発し、陸海軍統率権を持ち、政務統轄権を有するものとした。朝鮮総督府には「親任」の総督が置かれ、陸海軍大将（武官）があたった。朝鮮は、大日本帝国憲法が施行されない地域とされ、植民地法ともいうべき法が出され、時代錯誤的な「朝鮮笞刑《ちけい》令」などがもちこまれていた（一九二〇年四月まで）。

また、韓国皇帝・皇族は王族・公族とし、朝鮮貴族令により爵位や恩賜金《おんしきん》を与えた。韓国駐箚《ちゅうさつ》軍は朝鮮駐箚軍となり、のち朝鮮軍とされた。朝鮮常設師団が編成され、海軍の要港部も設けられた。

朝鮮統治は、憲兵の長が警察を指揮監督し「憲兵警察」による「武断統治」が行われ、警官のみならず、官吏や教員までが金筋の制服とサーベルを着用する「帯剣政治」となった。いたるところに巡査と憲兵と軍隊がいる有様には、総督府統治に同調的な法学者の末広重雄でさえ批判的であった（「朝鮮総督政治」『太陽』一九一二年一月）。

土地調査事業と教育令

植民地統治の基軸は、土地政策と教育政策であった。総督府は、一九一〇年三月に土地調査局を創設し、一九一二年八月には、土地調査令を公布した。この土地調査事業は、「地税」の負担の公平、所有権の保護、生産力の増強などをうたっているが、土地の所有権を申告させ、申告のない土地は「国有」とした。

これは、日本人による土地買収と併行しており、日本人地主は年ごとに増加していき、穀倉地帯への進出が著しい反面、土地を失った朝鮮人農民たちは、焼畑農業を行う「火田民《かでんみん》」となった。また、沿海州やさらにはハワイなど、海外に移住するものが多くあらわれた。

土地調査事業は、こうして朝鮮に地主制を持ち込み、日本人による収奪の政策となった。だが、これに先行して、朝鮮では土地所有権の私有化を図っている。土地調査事業は、朝鮮社会自らによる「近代化」に便乗し収奪を行った行為であった(宮嶋博史『朝鮮土地調査事業史の研究』)。文明や近代的制度を持ち込みつつ、現地の人びとから収奪を行っていくことが、植民地支配の主要な局面をなす。

また、制令として出された朝鮮会社令(一九一〇年一二月二九日)により、朝鮮人の資本活動を制限し、日本人資本家の進出を促している。こうしたことを国家資本を背景に行っていったのが、一九〇八年に設立された、国策会社・東洋拓殖株式会社で、同社は朝鮮最大の地主となった。『東洋拓殖株式会社三十年誌』(一九三九年)は、土地事業のほか、農業経営や水利灌漑、拓殖金融など幅広く事業を営んだことを記している。

一方、朝鮮教育令(一九一一年八月)が出され、教育勅語を用い「忠良なる国民を育成」(第二条）するために、日本語を「国語」として教え込むことを方針とした。だが、ここでも、教科書ではフランクリンの故事が紹介されるなど「文明」の価値や恩恵が説かれ、清潔であることや衛生思想の必要などの近代の規範が教えられていく。一九一七年に刊行された『口語法別記』では、東京の中流の男子の言葉を口語の標準としつつ、その口語教育により、台湾・朝鮮の人びとを「御国の人」とする臣民化を図るとしている（安田敏朗『「国語」の近代史』）。なお、朝鮮には義務教育は施行されず、日本人向けの学校が別に設けられていた。

図 **2-3**　朝鮮での小学校の授業風景（『最近朝鮮事情要覧』）.

同化か自治か

このとき、朝鮮在住の日本人たちは、内地の教育制度を持ち込むことに反対した。彼らは、「日本人」と「朝鮮人」を区別することによって、植民者としての利益や特権を図ろうとする。

ここでの論議は、植民地統治の方針にかかわっている。台湾や朝鮮を、日本社会と同様な社会とする「同化政策」をとるのか、それとも独自の社会や文化を持った地域とする「自主（自治）政策」とするのか。たとえば、西園寺内閣・山本内閣で内務大臣を務めた原敬は、内地延長主義を言い、前者の方針を主張したが、植民政策学を講じた新渡戸《にとべ》稲造《いなぞう》や矢内原《やないはら》忠雄《ただお》、山本美越乃《みおの》らは同化政策を批判し、後者の自主(自治)政策の立場に立った。茅原崋山もまた、一九一四年に発行された著作のなかで、「朝鮮を取った事は、日本に百年の禍根を残した」と述べ、朝鮮には「自治」を与えるようにいう(『人間生活史』)。

植民地には大日本帝国憲法が適用されず、そのことをめぐり憲法学者たちの意見も分かれる。美濃部達吉は現行の不適用を支持し、穂積八束《ほづみやつか》は憲法が施行されるべきだと主張した。植民地に憲法を施行することは、内地延長による同化主義路線であり、「一視同仁」型の支配である。その限りにおいて植民地に内地と同等の一定の「権利」の付与を検討する。他方、憲法を施行せず、差異を持つ地域として統治を図る路線は、「自治」を構想に入れることになる。どちらも「内地」と「外地」を区分し、外地を植民地として統治する点では共通しているが、統治方針に相違が見られ、互いに対抗しながら現実の政策が実施されていく。

「日本人」と「朝鮮人」の関係は、国籍と戸籍により法的に作り出された。朝鮮人は、国籍法上は「日本人」とされたが、朝鮮戸籍は、日本内地の戸籍とは区別され、それへの移動はできなかった。朝鮮人は、「日本人」とされながら、内地の日本人とは区別され差別されていた。

「善良なる政治」

韓国併合に対し、日本国内では、併合祝賀会や旗行列が行われた。「韓国併合詔書」が出された八月二九日の夜には、新聞社の主催で、日比谷公園を起点に提灯《ちょうちん》行列が銀座から京橋方面へと向かい、楽隊が繰り出される。「万歳」の声が響き、「電気煙火《はなび》」があがり、「金盥《かなだらい》」が叩かれた(『東京朝日新聞』一九一〇年八月三〇日)。

新聞の紙面も朝鮮の植民地にかかわる記事が多い。一記者「合併せらるる韓国」の連載記事は、「韓国」は独立国として存在し得べき「硬度」を有していないという認識に立ち、「日本人」は、「従来の韓国政府」に比し、はるかに「善良なる政治」を施し得るとの「自信」を表明している(同八月二四日)。『大阪朝日新聞』(八月二六日)の「合併後の日韓人」もまた、植民地化が「文明」をもたらすものと位置づけ、日本と朝鮮が「渾然融和」して「一大国民」を形成し、「東亜の平和」を保障し、「人類の天職」を尽くすと述べ、「文明」と「平和」を盾にとり植民地化を正当化した。また、韓国併合を契機に、東京帝国大学に朝鮮史の講座が設けられる。

だが、『東京朝日新聞』(八月二九日)は、警察署が、日本にいる朝鮮人を「警戒」していることを伝えており、「善政」の主張が日本側の勝手な思い込みに過ぎないことを物語っている。また、併合には諸手を挙げる新聞も、総督府の機構には批判的で「武人」支配を非難する(『大阪朝日新聞』一〇月二日)。植民地支配には疑いをさしはさまないが、その方法に対しては、新聞は意見を述べていた。

朝鮮人の声

こうした大日本帝国の状況に対し、雑誌『第三帝国』では、朝鮮人の声を伝えている。慎重に、植民地化そのものには立ち入らないものの、寺内正毅《まさたけ》の統治に対しては手厳しく批判する。青邱生は、寺内が朝鮮の歴史を無視し、言語を絶滅し、「朝鮮民族の向上前進」を阻止し「愛国の精神」を没却させるとし、「近代的風潮」に触れた朝鮮の青年たちが寺内に押さえつけられる「苦痛」を訴える(「朝鮮青年の苦痛」一九一四年二月一日)。

これに対し、「同情の涙」を禁じえなかった日本人の青年が応答し、「日本青年も諸君と同様自由を奪われた奴隷である」とする。そして、「閥族を打破絶滅すること」は日本と朝鮮の「要務」とし、官僚を「滅亡」したときは日本の青年が「自由を贏《か》ち得た時」であり、また「朝鮮青年が奴隷から開放《(ママ)》せられた時」とした(嘯雷生「朝鮮青年諸君に」一九一四年二月一〇日)。良心的な発言だが、日本人が統治者であるという非対称的な関係は理解されていない。

辛亥革命と清朝の終焉

こうして日本が植民地を統治する帝国への途を着々と進んでいくなか、東アジアも激動の時期を迎える。一九一一年一〇月一〇日に武昌での蜂起に始まる辛亥《しんがい》革命は、その最大の出来事のひとつである。

東京で中国革命同盟会(一九〇五年)を結成した孫文《そんぶん》が、民族主義・民権主義・民生主義の「三民主義」を唱え、一九一二年一月一日に中華民国の成立を宣言して、臨時大統領に就任した。中国を侵略する帝国主義国と清朝との二つの勢力を前に、同盟会は専制的な清朝を倒した。アジアにおける、最初の共和国の誕生であった。辛亥革命の当初には、日本政府は清朝を援助する方針をとるが、財界は革命派に物資を提供するなど、統一的な対応は見られず、軍部(参謀本部、海軍)もそれぞれに介入する。見逃せないのは、「浪人」と呼ばれる人びとで、内田良平らの黒龍会をはじめとして、革命派の側に立ち活動した。

しかし、軍閥の代表格である袁世凱《えんせいがい》が、孫文から臨時大総統の地位を受け継ぎ、さらに大総統になった(一九一三年)。革命は半途となり、状勢はこのあとも流動的となる。日本軍と中国側に小刻みな衝突があったものの、日本政府は不干渉政策をいう。しかし、実際には袁世凱支持に傾き、国民党の犬養毅らは孫文の支持にまわるなど、中国への対応は分かれた。

他方、清朝に従属させられていたモンゴルとチベットでは、革命の影響を受け、モンゴルは同年一二月に独立を宣言する。しかし、北モンゴルのみが「外モンゴル」として自治が認められるにとどまり、チベットは独立がかなわなかった。

2　第一次世界大戦開戦

遠い銃声

一九一四年六月二八日に、サライェヴォに響いた銃声は、第一次世界大戦の幕開けとなった。セルビアの青年が、オーストリア＝ハンガリー帝国の皇太子夫妻を暗殺し、オーストリア＝ハンガリー帝国は、セルビアに宣戦を布告、ヨーロッパは、イギリス・フランス・ロシアの三国協商を軸とする連合側諸国と、ドイツ・オーストリア＝ハンガリー・イタリアの三国同盟の同盟側諸国の二つの陣営に分かれた。のちに、アメリカが連合国側に加わった。開戦にいたる緊迫したこの期間、日本では、遠い地域の出来事として、さして緊張感は強くなかった。総合雑誌では、距離をおいて第一次世界大戦を論評している。

政治学者の浮田和民は、大戦の「開戦の責任」について議論し、「東欧に於けるスラブ民族と日耳曼《ゼルマン》民族との大競争」に加え、独仏関係、英独関係を要因としてあげる。これらを結合させたのがドイツで、「今回の戦乱の最大原因」はドイツの世界政策、ゲルマン主義であると解説した(「欧州大戦乱の動機と交戦列国の態度」『太陽』一九一四年一〇月)。同時に、各国は「正当の理由」「多分の正義」をもち、第一次世界大戦を「文明的」であり、かつ「悲劇的」な戦争とした(「世界戦争の倫理的大観」『太陽』一九一四年一一月)。一方、『太陽』主筆の浅田江村は「欧州列強」そろって平和を無視し、侮蔑し蹂躙《じゅうりん》することは「稀《まれ》に見る奇怪の現象」であり「現代文明の一大退歩」とした(「欧州列強の好戦熱」一九一四年九月)。

日本の関与を促す論者も少なくない。『中央公論』(一九一四年九月)に寄稿した石川半山《はんざん》は、「永く待ちたる戦争だ」として中国との関連で論じ(「結局支那問題」)、茅原崋山も、大戦に際して中国への勢力拡張をいう(「文明史的国際史的に観察したる欧州戦争」同)。第一次世界大戦は、民本主義者たちの議論の試金石となり、体制内的な変革を唱える人びとのうち、少なからぬ人びとが対中国論として大戦を捉え、ときに乗じての中国進出を論じている。

大戦が勃発したとき、日本では七六歳の大隈重信が、二度目の内閣を組閣していた。この当時の総理大臣は元老が指名していたが、山本権兵衛がシーメンス事件によって退陣したあと（一九一四年三月二四日）、徳川家達《いえさと》貴族院議長や清浦奎吾《きょうらけいご》枢密顧問官らが候補となるが、なかば引退していた大隈に至っている。大隈内閣は、同志会を基盤にし、政友会と一線を画すが、人びとの大隈への人気には絶大なものがあった。

大隈内閣と参戦論

大隈内閣の外相は加藤高明《たかあき》が務めた。加藤は、イギリスが山東半島の膠州湾《こうしゅうわん》を根拠地とするドイツ仮装巡洋艦への攻撃の助力を求めてきたことを幸いに、第一次世界大戦への参戦を図る。八月七日夜から未明にかけての閣議で、イギリスが全面参戦には渋るのを押し切り、日本の全面的な参戦を決定した。加藤は、参戦理由を「東亜に於ける日本及英国の利益」に損害を与えるドイツの「勢力」を破滅させるためと述べた（『日本外交年表 並《ならびに》主要文書』上）。元老・井上馨《かおる》は、「今回欧州の大禍乱は、日本国運の発展に対する大正新時代の天佑《てんゆう》」としており（『世外井上公伝』第五巻、一九三四年）、大隈内閣は、参戦を通じて山東半島のドイツ利権の獲得を手がかりに、大陸への侵略を強化することを狙ったのである。

『大阪朝日新聞』（一九一四年八月六日）は社説で、日英同盟の義務として参戦すべきと主張し、大方の論者もこの姿勢をとる。浮田和民は、当初は参戦に否定的だったが、出兵が決定されるとそれを容認し、「日英同盟の義務」を重んじ、「東洋平和」のために「正当なる自衛及び発展」として派兵を追認する(「日本の外交政策」『太陽』一九一四年一二月)。ただ、「日英同盟の本義」「東洋平和の理想」にかなっていないとして、ヨーロッパへの派遣には反対した。

対独開戦

一九一四年八月二三日に、対独宣戦の詔が出された。日本は連合国側に加わり、久留米第一八師団を主力とする部隊が動員され、イギリス軍と共に山東省にあるドイツの膠州湾租借地を攻撃した。中国が局外中立をしているにもかかわらず、日本軍は軍事行動の地域を拡大し、九月二日に山東半島に上陸し、一一月七日に青島《チンタオ》を陥落させた。青島の陥落のときには、日本国内では提灯行列が行われた(扉写真参照)。

また、日本海軍の第一艦隊は、太平洋でドイツ東洋艦隊を追撃するとともに、九月から一〇月にかけて、ドイツ領南洋群島(ヤルート島、ヤップ島、トラック島、サイパン島など)を占領した。さらに、一九一七年二月には、地中海に駆逐艦も派遣している。

日本の参戦にともなって、愛国婦人会は、慰問のためにハンカチや絵葉書を用意し、日比谷公園で集会を行う(『二六新報』一九一四年一〇月一六〜一七日)。また、『名古屋新聞』は、一九一四年一〇月に「戦争万歳」を連載し、アメリカ向け輸出陶器など、戦争で儲けた業者を紹介している。戦争賛歌の気運のなかで、「大日本主義」を批判する石橋湛山は、「アジア大陸に領土を拡張すべからず」との立場から青島領有を批判、「青島の割取は断じて不可なり」とした(「青島は断じて領有すべからず」『東洋経済新報』一九一四年一一月一五日)。

大戦の意味

第一次世界大戦は、一九一八年一一月一一日にドイツが連合国と休戦協定を結ぶまで、四年以上にわたって、植民地の兵士までを動員する総力戦として戦われる。長期化する戦闘のなかで、飛行機や戦車が登場し、潜水艦や毒ガスも用いられ、塹壕《ざんごう》戦が戦われた。また、大戦は世界秩序を大きく変えた。ロシアやドイツで革命が起こり、ホーエンツォレルン朝、ハプスブルク王朝が崩壊し、オスマン朝もロマノフ朝も滅んだ。さらに、植民地で民族主義の運動が起こり、アメリカが台頭し、第一次世界大戦は世界史の大きな転換点を作り出した。

図 **2-4**　日本軍は青島のドイツ軍を攻撃して陥落させた(1914年11月). 戦後には青島におけるドイツ利権を引き継いだ(『図説 昭和の歴史』2).

震源地であったヨーロッパでは文明の意味が問い直され、シュペングラー『西洋の没落』(一九一八〜二二年)をはじめ、深刻な議論がなされた。これに対し、戦場から離れていた日本では、参戦をしつつも、もっぱら日本の世界的な位置や国際関係論に議論が集中している。このなかで、教育学者の吉田熊次《くまじ》は、大戦のなかに「科学の力」と「民族の道徳心」、そして「現実なる国家的思想」の登場をみる(「近代思潮の大淘汰」『太陽』一九一六年六月)。吉田は、技術—民族—国家主義の登場を指摘しつつ、一九世紀的な帝国主義の体制と文化の再編成を語っている。また、経済学者の神戸《かんべ》正雄（「日本及日本人の対外的態度」『太陽』一九一四年九月）は、日本の地位向上のためには「現代世界の支配人種たる白人国と多少争闘を為さねばならぬ」とし、「白人」との対抗に言及した。『中央公論』では、（アメリカの参戦に伴って）アメリカ論の論考が掲載されるようになる。

日本も、朝鮮や中国の民族運動に直面することをはじめ、帝国のありようが問われ、第一次世界大戦の影響は大きい。先に紹介した吉野作造の民本主義の議論の展開も、大きくは、旧体制の改革をもたらした第一次世界大戦の所産といえるであろう。次章で見るように、日本での社会運動も活性化する。

対華二一カ条要求

第一次世界大戦のさなかの一九一五年一月一八日に、日置《へき》益《ます》特命全権公使が、五号二一カ条にわたる要求を直接、袁世凱大統領に手渡した。要求内容は広範多岐にわたるが、「南満州」「東部蒙古」に関する第二号（七カ条）が軸をなし、旅順・大連の租借期限の延長、南満州鉄道および安奉線の期限の九九年延長、「満蒙」における日本人の土地賃借・所有権、商工業営業権の認可などを要求した。なお、第一号（四カ条）は山東問題をめぐる要求で、中国に対し、日本とドイツの協定をすべて承認するように求めた。第三号（二カ条）は漢冶《かんや》萍公司《ひょうこんす》（製鉄、鉄山、石炭会社）の日中合弁を求め、第四号（一カ条）は中国が沿岸の港湾、島嶼《とうしょ》を他国に割譲しないことを要求している。

これらを絶対の条項としたほか、第五号(七カ条)では、中国政府の政治や軍事、財政の顧問に日本人を雇うように求め、地方警察を日中共同とするか、日本人警察官を招聘することを突きつけた。また、日本が兵器の一定数量以上を中国に提供するか、合弁の兵器廠を設立することを求め、揚子江地域に日本の鉄道敷設権を要求した。この第五号は、あきらかな内政干渉であり、主権の侵害であった。そのため、この第五号は他国には非公開とした。

袁大統領は、日本政府の要求に強く抵抗し、第五号の内容をアメリカ公使に漏らしたため、アメリカとイギリスが反対した。また、中国の新聞がこのことを報道した。

「国恥記念日」

上海では国民対日同志会を結成し、日貨排斥を訴え、抗日運動が展開される。しかし、加藤外相や日本政府は強硬姿勢を崩さず、二五回に及ぶ交渉のあげく、結局、第五号を中心に五カ条を撤回し、一六条を最後通牒として要求し、ついに五月九日に中国に受諾させた。この出来事は、日本の中国大陸への侵略の大きな一歩となった。

最後通牒を受諾させられた五月九日を、中国は「国恥記念日」とし、排日の反植民地運動を行った。だが、二一カ条要求に関しては、吉野作造でさえ「だいたいに於て最少限度の要求」とし、「日本の生存のためには必要欠くべからざるもの」とする。しかも、第五号の削除は「甚《はなは》だこれを遺憾とする」としていた(『日支交渉論』一九一五年)。批判は、「露骨なる領土侵略政策と軽薄なる挙国一致論の跋扈《ばっこ》」をいう石橋湛山(「禍根をのこす外交政策」『東洋経済新報』一九一五年五月五日)のほかには、ほとんどみられなかった。民本主義者の対外認識は、植民地主義との対決には甘く、帝国下のデモクラシー論としての困難を、ここでもみせている。

3　都市社会と農村社会

大戦景気と産業化

『時事新報』(一九一五年一二月二四日)は、船成金として名をはせた、内田信也《のぶや》の「無邪気な気焔」を伝えている――「大分儲《もう》かったろうッて、ナニ儲けるのは是《これ》からだよ」。にわかに金持ちになる成金は、大戦による好況の産物で、社会現象となった。

大戦下では、造船業、機械工業などの重化学工業が進展し、一九一五年頃から大戦景気が見られた。船舶による物資の輸送もさかんとなる。水力発電による電力が供給され、京浜工業地帯など、いわゆる四大工業地帯が形成された。東京や大阪がますます巨大になるとともに、地方都市が発展する。佐世保、川崎、宇部などの産業都市が急成長し、横浜と神戸が栄え、呉や横須賀などの軍事都市が台頭した。さらに、別府など観光都市も出現した。地域の産業化も進行し、たとえば「開発」がさかんにいわれた樺太では、パルプ工業が発達した。

国民総生産もまた、この時期には急速に増加する。『時事新報』(一九一五年一二月一九日)は、「職工の懐《ふところ》には春が来た」と、職工(労働者)の賃金が三割から五割も上がったことを報じている。職工のいる地域では、小料理屋や飲食店が増加しているともいう。

　このなかで、資本家団体の日本工業倶楽部が結成された(一九一七年三月)。また工業教育や実業教育に力が入れられ、一九一五年に桐生《きりゅう》高等染織学校、翌年に横浜と広島に高等工業学校が作られた。

社会問題の再発見

　第一次世界大戦の時期の日本帝国では、社会が変化を見せ始めるとともに、社会問題の再発見がなされた。「大正新機運号」として発行された『中央公論』(一九一五年七月)は、「大正時代と社会問題の解決」と「大正時代の新道徳」の二つについて、識者の論稿を掲載し、「社会問題」と「新道徳」に焦点をあわせている。

　医学士の石原修《おさむ》が着目したのは、繊維業という根幹の産業を通じて見えてくる「女工と結核」という問題であった。一九一三年一〇月の国家医学会例会での講演が基となっているが(『女工之現況』一九一四年、所収)、石原が提示するデータでは、工場の労働者の大半は出稼ぎの女工であり、多くは二〇歳未満の未成年となっている。寄宿舎にいるものが多いが、食事は劣悪である。労働時間は、一三時間から一五時間で徹夜業もあるうえ、工場は薄暗く、粉塵と水蒸気が立ち込める。そして、毎年、農村から二〇万人が工場へ移動しているが、八万人の女工が帰郷し、そのうちの六分の一程度は病気が理由で、三〇〇〇人くらいは結核であるとする。

　こうしたデータを挙げながら、石原は、女工と結核が密接に関係することを指摘し批判する。

そして、工業のために「犠牲」になった女工の数は日露戦争の死傷者数に匹敵するほど多いが、「平和の戦争の為に戦死したもの」に対し、「国民」は何をもって迎えているか、「国家」は何をもって報いるかと嘆く。

一九一一年に制定された工場法は、五年半たってようやく一九一六年九月に施行される有様であり、国家と資本による労働者の保護は、まだ程遠い状況にあった。

河上肇『貧乏物語』

社会問題の大きな見取り図を提示し、評判を呼んだのは、経済学者の河上肇《はじめ》が『大阪朝日新聞』に連載した『貧乏物語』である。一九一六年九月から一二月にかけて連載され、翌年に単行本として刊行されるが、「驚くべきは現時の文明国における多数人の貧乏である」と書き出され、現代の貧乏が主題とされる。相対的な貧乏、被救恤者《ひきゅうじゅつしゃ》としての貧乏、および、肉体の健康的な維持が困難な貧乏と、「貧乏人」を三つに分け、第三の貧乏を対象とした考察を行う河上は、カロリー摂取を基準とした食生活の「貧乏線」により、この「社会の大病」を論じた。

河上は「貧乏問題」は分配ではなく、生産にあるとして、重要な事業を「官業」とし、国家経営とする「改造」を実践すれば、「貧乏退治の目的」を達することが可能であるという。河上は、この「経済組織」の「改造」を「経済上の国家主義」として、「社会主義」ということばを慎重に避けている。また、「社会一切の問題は皆人の問題」「社会組織の改造よりも人心の改造が一層根本の仕事」であるとして、社会を組織する人びとの思想や精神が変わらなくては、制度や仕組みの改変も困難とした。これらの点は、のちに社会主義者となった河上が、自らこの著作を否定し絶版とする理由となったと思われる。

さらに河上は、イギリスを例にとり、「世界一の富国」であることが同時に「世界一の貧国」であるとし、国内問題と国際問題を連関させて植民地主義を批判し、この連載を結んでいる。明示されなかったが、日本の現状を見据えての議論が展開されていたであろう。

社会問題が論じられるなか、その解決のための動きも開始される。まずは、都市の工場労働者の動向を探ってみよう。

労働者と友愛会

労働者の団体として、一九一〇年代から以後、一貫して活動を続けることになる友愛会に参加した山口庄吉は、その機関誌『友愛新報』(一九一二年一一月三日)に、「偶感」と題して投稿をした。「工場……(ママ)工場……(ママ)何となく賤《いや》しく聞える。只一寸《ただちょっと》聞いた計《ばか》りでも、何だか嫌な気持がする。瓦斯《ガス》の臭気、万雷の一時に落つるが如き機械の音、濛々《もうもう》たる塵《ちり》の空気、日光の射入せぬ陰気な室内、それからそれと連想して、的も無いものを捕えんとするが如く、打ち沈む事も度々有った」。職工と呼ばれていた労働者の多くは、ひどく鬱屈した心情のもとにあったが、彼ら労働者が胎動を始める。

友愛会は、一九一二年八月一日に東京・三田のユニテリアン教会で、修養団体として発足した。会長となる鈴木文治《ぶんじ》をはじめ、機械工、電気工ら二〇人ほどが集まり、「相愛扶助」「地位の改善」などを標榜し、活動を開始した。

労働組合はすでに日清戦争後に結成され、労働運動も見られていたが、まずは彼らに切実な「職工の人格を認めよ」（熱涙生の投書。『友愛新報』一九一四年六月）という要求が出され、「修養」とそれを目的とする「団結」を説く。『友愛新報』では、勤勉・忠実・誠意・信用・報恩・同情・節倹・衛生・反省・快活の一〇の徳目が繰り返し強調され、自己鍛錬を図ることを促した。

このとき、友愛会は、「日本」や「国家」、あるいは「天皇」を手がかりにしながら労働者の主体形成をはかり、これらによって都市の下層とみなされる状態から脱却し、社会の一員として認知されることを試みる。会員の作成による「友愛会の歌」は「職異なれど離れじと　堅く結べる健児団　我等の力ゆるむ時　我が日の本は衰へん　勉め励めや君の為め　勉め励めや国の為め　友愛会の健児団」（小野寺生。『友愛新報』一九一三年六月三日）というものであった。「国民」としての自己形成といってよかろう。ただ、友愛会に女性たちは加わるものの、独自の動きはなしえない。友愛会で女性たちが動き始めるのは、一九一六年のことである。

戊申詔書と地方改良運動

農村でも動きがみられる。日露戦争後に、農村は財政が破綻し疲弊していたため、あらたな農村と農民の創出を目的とし、「上下心を一にし、忠実業に服し勤倹産を治め」るようにいう戊申《ぼしん》詔書（一九〇八年一〇月）が出された。そして、これを指導理念とした行財政改革である地方改良運動が展開されていた。行政村と自然村の二重構造を解消し、部落有林を統一し、運営の方針を提示した町村是を定めることがいわれ、農村を支える階層(中小地主・自作農上層)を作り出そうとした。産業組合や農事改良組合が設立され、二宮尊徳《にのみやそんとく》に由来し農村の再建をめざす報徳社が着目され、農業生産力増進が目的とされた。第二次桂内閣の平田東助《とうすけ》内相は、県―郡―町村の指示系統の強化をはかり、地方改良事業講習会をさかんに開いた。静岡県稲取村、千葉県源村、宮城県生出《おいで》村は、村内の融和を実現した模範《もはん》村《そん》として表彰されている。

『真友』と農村

こうした農村の状況のなかで、岩手県藤根村の尋常小学校・(准)訓導で在郷軍人会分会に参加する高橋峯次郎が、一九〇八年六月九日から一九四四年三月までえんえんと発行し続けた『真友《しんゆう》』という会誌がある。名称が変更された時期もあるが、多くはガリ版で、活版やはがき状のもの、号外なども合わせると、一八〇号余りが発行された。発行主体は、当初の真友会から、一九一三年以降は帝国在郷軍人会藤根村分会となっている(『国立歴史民俗博物館研究報告』一〇一号、二〇〇三年、に翻刻)。

『真友』には、村人の徴兵にかかわる事項を軸とし、在郷軍人としての意識や徴兵検査の結果などが多く綴られている。第一次世界大戦の始まった一九一四年八月の『真友』には、「宣戦詔書公布」とともに「膠州湾陥落記」が掲げられる。手書きの中国やヨーロッパの地図とと

図 **2-5**　都市の子ども(1912 年ころ，東京・水道橋，『図説 昭和の歴史』2).

図 **2-6**　農村の子ども(1911 年，石川県珠洲，『石川写真百年』).

もに、戦況も記された。また、『真友』には、農事やその時々の農村の様相も垣間見ることができる。

　論説もあり、たとえば「農村青年」は「理屈」ではなく、「形」から始め、そのあとで「精神」を作ることが肝要であるとの議論が載せられる(一九一四年四月)。あるいは「農家の実行すべき三則」として「労働の習慣」「節倹」「風俗の改良」を挙げ、『真友』では、そのことを通じての農村青年の主体の形成が期待されている(同)。友愛会との共通点をもつ修養が、『真友』の主張の軸となっている。さらに、一九一三年一月には「読書と品性」と題して、「本を読む人と読まぬ人とは、品性は異って見える」「本を読む人は、一見して、どこかに崇高《けだか》い処があって、品格が美しく見える」と述べる。「読書」の価値が、農村でも記される。

　一九一〇年一一月に発会した帝国在郷軍人会は、機関誌『戦友』を発刊し(一九一七年)、会員の家庭に向けては『我が家』を刊行するが、地域では、すでにこうした動きが進行していた。

立身出世と受験

第一次世界大戦期の社会の変化は、こうして都市と農村における、主として青年たちの意識の変容を背後にもつ。ときには都市対農村という対抗的な把握をとりつつも、人生のコースと生活のスタイルをも変えていく。一九〇二年に創刊された雑誌『成功』には、さまざまな苦労のあげく立身を成し遂げた人びとの「実話」が満載されている。同時に、この時期に、立身出世のあらたなシステムとしての受験が、社会のなかに組み込まれた。『受験と学生』(一九一三年)などといった受験の専門雑誌が登場し、「学歴」が言われ、学校を卒業した資格を持つ人びとが、職場に進出するようになった。

主婦への自覚

家族を取り巻く環境も、様相を変えていく。家風が重んじられるありようから、家政が学ばれ、合理性や科学性、能率性が重視される。女性向けに発行された雑誌『主婦之友』は、家計に照準をあわせた「中流家庭」のやりくりを論じ、主婦の才覚の発現を促していた。一九一七年七月には、「成功した貯金の実験」(八例)、「上品で利益の多い内職の経験」(七例)、「中流の家計いろいろ」(一〇例)の実例を示し、三角錫子《みすみすずこ》「斯《こ》うすれば経済的な買物が出来る」が掲げられ、「家庭経済の十五秘訣」も提示された。景気が上昇するなかで物価も騰《あ》がり、そのやりくりを一家の主婦の役割としたのである。

また、育児と家事のあり方が改善され、あたらしい家事のための知恵と技術が教示されることで、女性が主婦として自覚を促された。主婦としての主体化は、女性たちが抱え込む閉塞感を部分的に打ち破ると同時に、あらたな鬱屈感をもたらした。『主婦之友』は、女性たちを「主婦」として励まし教育し、女性の主体化を「こころ」と「からだ」の面から提起した。

あわせて『主婦之友』は、妻として、母としての役割も説いた。たとえば、衛生に関してである。二〇世紀初頭のこの時期になると、一九世紀後半から毎年のように大流行を繰り返していたコレラが後退し、かわって結核やトラホームなどが警戒を要する伝染病となった。流行時の注意が必要な急性伝染病から、日常的に身体に気をつけなければならない慢性伝染病へと変化したが、このことにともなって、家庭での衛生が重視され、さらに病人の看護が女性の役割として付与されるようになった。「主婦之友　嫁入り文庫」の一冊として刊行された吉岡弥生《やよい》『家庭衛生』(一九一五年)は、女性に対して、夫の体調に気をつけ、子どもの様子に絶えず注意を払うようにいい、家内を絶えず清潔にするように求める。

家庭が女性の領域とされ、その主宰者としての女性という考えと、男性が外で働き、女性が内をあずかるという意識とが重なっており、背後には、性別役割分担に基づく「公」と「私」の分離がみられる。「私」の領域として家族が位置づけられ、女性は家庭に従事するものという「規範」があわせて打ち出されている。

家族への着目は、道徳のゆらぎや新道徳の提唱として論じられることも多い。こうしたなかで展開された母性保護論争では、女性の生き方と社会との関連、母親としての女性と個としての女性をめぐって議論がなされた。

母性保護論争

母性保護論争は、一九一六年から一八年にかけ、ほぼ二年間にわたった論争で、与謝野晶子《よさのあきこ》と平塚らいてうのやり取りを軸に、山田わか、嘉悦孝《かえつたか》、また山川菊栄《きくえ》らが加わった。発端は、与謝野晶子が、「私は母性ばかりで生きていない」(「母性偏重を排す」『太陽』一九一六年二月)とし、女性が「依頼主義」をとることを批判したことにある。与謝野は、「経済上の保障」を得て結婚・出産すべきであるといい、女性の経済的な自立とあわせ、「生殖の責任」は「夫婦相互」のものとした(「女子の徹底した独立」『婦人公論』一九一八年三月)。

これに対し、平塚らいてうは、「母は生命の源泉」であり、母たることによって、女性は「個人的存在」から、「社会的な、国家的な存在者」となるとの立場をとる。そして、母を保護することは、女性の幸福にとどまらず、「全社会」の幸福、「全人類の将来」のために必要なこととする(「母性保護問題に就いて再び与謝野晶子氏に寄す」『婦人公論』一九一八年七月)。母性保護は、子どもが社会的な存在であり、かつ、「恋愛結婚の理想」を完全に実現する道との観点から、必然的なこととして主張される。

このやり取りに対して山川菊栄は、与謝野を「旧来の女権主義」、平塚を「新興の母権主義」

の系譜に位置づけ、双方の主張を理解できるとする(「母性保護と経済的独立」『婦人公論』一九一八年九月)。「女権」と「母権」とが課題として論議されるが、同時に山川は、これらが実現されても「婦人問題の根本的解決」にはならず、女性を「現在の暴虐」から救う道ではない、と付け加える。山川にとっては、「階級」的な立場こそが、「婦人問題」解決の方策とされる。

与謝野、平塚と山川により、女性の解放にかかわる三様の方向が示された。

4 シベリア出兵の顛末

革命を見る労働者

第一次世界大戦の只中、一九一七年三月一二日のロシアの首都ペトログラードでの蜂起は、皇帝ニコライ二世を退位に追い込み、ケレンスキーによるメンシェヴィキの臨時政府ができあがった(二月革命)。さらに、一一月七日には、亡命中であったレーニンがボルシェヴィキを率いて蜂起、臨時政府を倒して政権を打ち立てた(一〇月革命)。ロシア革命である。レーニンは、社会主義政権の樹立を宣言するとともに、平和の回復を唱え、即時休戦と講和会議の開催を要望し、一九一八年三月にはドイツと単独講和を結んだ。

新しくできた政府を、ジャーナリズムは「過激派政府」と呼ぶ。革命直後の『東京朝日新聞』(一九一七年一一月一〇日)は、「労兵過激派」によりケレンスキー政府が「廃された」と「外電」が報じたとし、「過激派の大立者」としてレーニンとトロツキーの名前を挙げている。

ロシア革命に関し、労働者たちは好意的な関心を寄せている。『労働及産業』は、「露西亜《ロシア》の革命についての感想」を募集し、一四編を発表した（一九一八年一〇月、一一月）。

　私は今まで口癖のように子供等にこう言ってきかせていた。お前等は俺のような貧乏職工の家に生れたのが取り返しのつかぬ不運だと断念《あきらめ》てくれ。お前達は一生俺のような貧乏で無学な者として暮さねばならぬ。〔ところが、ロシア革命が起こったので〕私は躍り上がった。そして家に駆けこんで小供《(ママ)》等を抱きしめてこう叫んだ。「オイ小僧供、心配するな、お前達でも天下は取れるんだ！　総理大臣にもなれるのだ！」謂《い》わば露西亜の革命は吾々に生きる希望を与えてくれたのだ。

仙台　原田忠一

二等賞をとったこの「原田忠一」は、友愛会で活躍する平沢計七《けいしち》が変名で応募したものだが、ロシア革命に労働者としての希望を重ね合わせている。佳作の深川中嶺も、「社会主義なんて今がいままで学者の空想とばかり想て居った」がそれが出現したと、驚きを述べている。

もっとも、多くは、ロシア革命を「極端な専制政治」への反抗とし（楠政市）、「大きな同盟罷工」とみ（立花秋太郎）、「国家の社会政策が其当を得ず国民の間に不平が蟠《わだかま》って居った事」（島田良蔵）とする。「団結力」（ＲＡ生、安本仁）に感心したり、資本家にとっての「教訓」とするものもあるが（武田秀次）、階級ではなく「国民」「国家」の観点からの議論が大半である。

　ロシア革命への理解と意義づけは、それぞれの思惑と関心に引き付けて理解されていたが、彼らはいずれも労働者として向き合い、そこに現状からの脱却の可能性を見ている。原田（平沢）の論はその意味において、友愛会に集う労働者の意識をよく示していた。こののち、「資本主義と社会主義」、「階級と搾取」、「革命」などのことばが、労働者や社会主義者のみならず、ジャーナリズム一般に用いられるようになっていく。

ロシアへの視線

　これに対し、浅田江村（「レニ《（ママ）》ン政府の活動」『太陽』一九一八年二月）のロシア革命への言及は、もっぱら平和に焦点をあわせた論となっている。浅田は、レーニンの単独講和を評価し、レーニンらの「個人主義、民主主義、平和主義」を、ウイルソン、ロイド・ジョージら「従来の紛々たる大政治家」の「大言壮語」の空疎さと対比する。

「階級」という語を用いてロシア革命を論じたのは、石橋湛山「過激派政府を承認せよ」である（『東洋経済新報』一九一八年七月二五日）。石橋は、目下のロシアの「混乱」は、「経済上の理由から発した国内の階級戦」という。「露国」の民衆の意志を無視して、ロシアを如何《いかん》ともすることはできず、その「首領たる識者」の努力を待つよりないとし、そのために、石橋は「過激派を承認しろ、過激派を援《たす》けろ」といいきる。レーニン政府の承認を拒むことは「他国民の思想に干渉する者」とするのである。

こうしたなかで、日本政府の対応は、レーニン政府の承認はおろか、革命への干渉へと向かい、社会主義政権の打倒を図った。このときには、大隈重信から交代した寺内正毅が内閣を組織していた(一九一六年一〇月九日に成立)。寺内は、初代の朝鮮総督を務めた長州派の陸軍大将だが、寺内の背後には山県有朋がおり、元老、軍部、政党(原敬政友会総裁、加藤高明同志会総裁、犬養毅国民党総理)が支える「挙国一致内閣」であった。

寺内内閣と派兵計画

図2-7　ロシア革命の諷刺漫画(北沢楽天画).『東京パック』を主宰する北沢楽天は諷刺精神にあふれていた.同誌の廃刊後には『時事新報』を拠点に活躍した.

この時期の原敬の日記には、「陸軍の下僚《かりょう》」(一九一七年一二月二八日)や「外務省の小僧共」(一九一八年三月七日)がシベリアへの出兵を目論み、画策しているとの情報を得ていることが記されている。実際、田中義一《ぎいち》参謀次長を中心とする参謀本部は、一九一七年一一月にシベリアの「居留民保護」のためと称する派兵計画に着手し、翌年一月に沿海州への「派兵計画」を作成した。本野《もとの》一郎外相も、シベリア出兵に積極的で、二月に派兵計画を出している。

だが、山県をはじめ、政友会の原や牧野伸顕《のぶあき》は、日本の単独の出兵には消極的であった。原や牧野らが派兵反対を表明するのは、一九一七年六月六日に設けられた、臨時外交調査委員会の場である。臨時外交調査委員会は、長州派閥で軍人・政治家の三浦梧楼《ごろう》が画策し、元老、軍部、政党と政府の連絡を図るため、寺内を総裁として組織したものであった。

イギリス、フランスは、対独戦に専念するため、早い時期から日本のシベリアへの出兵要請を行っていた。他方、日本は出兵を大陸政策実現の機会として時期をうかがっていたが、アメリカの経済的な援助が必要で、アメリカの態度を探るという状況にあった。

派兵決定

一九一八年の初頭は、出兵論者に有利な状況であった。本野外相は、二月初めにシベリア占領の提案をアメリカ、イギリス、フランスに打診した。しかし、三月五日にアメリカは、干渉反対の態度をとり、日本出兵の黙認も撤回した。追い討ちをかけるように、三月九日の臨時外交調査委員会で、原と牧野は、本野が個人的に動いたことを非難した。さらに、出兵論も、自主的出兵論（単独出兵）と協調的出兵論に分裂し、本野の自主的出兵論は孤立し、ついに三月一九日に自主的出兵構想を放棄した。

状況が変わるのは、一九一八年六月に、レーニン側と対立し、シベリアで孤立したチェコスロバキア軍兵士の救出問題が浮上してきてからである。七月六日にアメリカは出兵を決定し、八日に日本にも出兵を提議した。シベリアへの全面出兵ではなく、ウラジオストクに限る限定出兵であった。そして、一二日の閣議で、後藤新平外相(本野の後任)をふくめ、派兵が決定される。しかし、外交調査委員会では、なおも原、牧野が反対したため、元老・伊東巳代治《みよじ》が修正案を作成し、翌日に調整して決定された。

そして、八月二日に、シベリアのチェコ軍救援を目的として出兵することを宣言した。「帝国政府は、合衆国政府の提議に応じて、その友好に酬《むく》い、且《かつ》今次の派兵において、聯合《れんごう》列強に対し歩武を斉《ひと》しゅうして、履信の実を挙ぐる」と協調出兵の形式が整えられるが、全面出兵とも限定出兵ともつかぬあいまいな表現をとった(『官報』号外)。なお、「シベリア出兵」という呼称に対し、「シベリア戦争」やロシア革命への「干渉戦争」という呼称の提起がされている。

派兵と単独駐留

一九一八年八月四日に浦塩《ウラジオ》派遣軍司令部が設けられ、第一、第三師団をウラジオストクに派遣した。アメリカは九〇〇〇人、イギリス五八〇〇人、中国、イタリア、フランスは一二〇〇～一二〇〇〇人を派兵するが、日本は取決めの兵力(一万二〇〇〇人以下)を大幅に上回る七万二〇〇〇人を送り込み、バイカル湖以東を制圧する。

だが、シベリア出兵が失敗であることを認めた各国は、一九二〇年一月にはチェコ軍救援の目的を達したとして、撤兵をはじめる。アメリカが率先し、イギリス、フランスが続いた。しかし、日本は東部シベリアの支配を目論み、朝鮮・満州への革命の波及防止、シベリア居留民の保護などを理由とし、単独駐留をする。日本の撤兵の意思表明は、ワシントン会議でのこととなり、一九二二年一〇月であった(北樺太からの撤兵は、一九二五年五月)。このときまで四年余、七万三〇〇〇人の兵士をシベリアに送り込み、三五〇〇人の犠牲者を出していた。

この時期、寺内内閣は、中国の段祺瑞《だんきずい》政権とのあいだに一億五〇〇〇万円に及ぶ借款(構想者の西原亀三《かめぞう》の名前を取って、西原借款と呼ばれる)を行い、日華共同防敵軍事協定(一九一八年五月)を結んでいる。内政不干渉を掲げながら、中国の政治や軍事に日本が指導と援助を与えるものであった。西原は、また、シベリア出兵論者でもあった。

尼港事件

このかん、一九二〇年三月から五月にかけて、黒龍江の河口のニコライエフスク(尼港《にこう》)が、トリアピーン率いるパルチザンにより包囲され、休戦協定が結ばれた。しかしその協定が壊れ、七〇〇人余の日本人が死亡し、一二〇人余りが捕虜となった。どちらが協定を破ったかは、日ソ間で報告が異なる。この尼港事件は、ボルシェビキやパルチザンが残虐であるとして、大きく宣伝された。七月には、日本は北樺太を保障占領した。

派兵に関し、吉野作造は、「所謂出兵論に何の合理的根拠ありや」(『中央公論』一九一八年四月)において、予想される出兵理由を挙げてそれに反論し、シベリア出兵を批判していた。また、『太陽』(一九一八年四月)も多くの批判的な論考を掲げ、『大阪朝日新聞』も社説で反対を表明している。だが、高橋作衛《さくえ》、戸水寛人《とみずひろんど》、寺尾亨《とおる》らの九人が、出兵は「我帝国の興廃に関する至要の問題なり」との立場から強硬な自主的な出兵の議論を行い、「九博士の出兵論」が出された。

かつて、日露戦争の開戦を叫んだ「博士」らを含む行動であるが、このほか『やまと新聞』『国民新聞』『萬朝報』なども出兵の立場に立ち、対外的な強硬論者が世論を形づくっている。

煩悶する兵士たち

シベリアへの派兵に動員された人びとには、出兵の目的は理解しがたいものであった。そのひとり、第二大隊第八中隊の松尾勝造は、「大正七年八月一〇日は終生忘れ難き日、決死報国を誓いてシベリア出征、小倉《こくら》兵営を出発した日に有之候《これありそうろう》。出発前夜は、隊内にて愈々《いよいよ》最後の祝賀の宴が催され候処、一度戦地に至らんが、誰が先に戦死するや、誰に骨を頼むか、この兵営に果して凱旋し得る者が幾人ぞある」（『シベリア出征日記』）と、日記に書き付けている。ここには、出兵に伴う使命感は、記されていない。

また、姫路の歩兵第一〇連隊に入隊し、除隊を目前にしながら、一九二一年にシベリアのウラジオストクに送られた黒島伝治《くろしまでんじ》は、日記（一九二〇年四月二一日）に「この日記を書くのも、もうこれでやめる」といい、友人の壺井《つぼい》繁治《しげじ》に対し、「生きて帰れるか、帰れないか分らぬ。死んだならば、必ずこの日記を世の中に出してくれ」と書き付けた。黒島は、一九二一年五月一日に姫路から敦賀《つるが》、宇品《うじな》を経由して五月七日にウラジオストク、翌々日にニコライエフスクに着いている。翌年三月に黒島は身体を壊し入院、四月に日本に戻り、兵役免除となるが、このときの体験をもとに、のちに小説を著わした。

どうして、彼等は雪の上で死ななければならないか。どうして、ロシア人を殺しにこんな雪の曠野《こうや》にまで乗り出して来なければならなかったか？　ロシア人を撃退したところで自分達には何等の利益もありはしないのだ。

（「橇《そり》」一九二七年）

一九二七年といえば、すでにプロレタリア文学に接近していた黒島であったが、シベリアへの出兵の無目的さがモチーフとされている。

第一次世界大戦の時期は、日露戦争の戦後の過程でもあり、さまざまな「戦後」問題が登場してきた。戦争の影響が、重層的にあらわれてきている。軍隊小説の隆盛はその徴候のひとつで、江口渙《かん》「中尉と廃兵」（『新小説』一九一九年二月）をはじめ、「廃兵」や「脱営兵」まで、日露戦争に参戦した軍人たちの問題が多く書かれている。

こうした傷ついた兵士たちの物語は、軍隊のもつ負の局面を描き出しており、日露戦争時に示されていた軍人たちへの畏敬の念が、衰退していることを示している。さきの黒島の日記（一九二〇年四月二二日）には、「兵隊に取られたとき、自分は悲観した」「現在の、日本の制度を呪った、日本の国民たることをお断りしたくなった。併《しか》し、どうしても仕方がないのを知った、あきらめるまでは苦るしい」と記されている。

第3章　米騒動・政党政治・改造の運動

1918年7月に富山で起きた米騒動は，その後1カ月半以上にわたって全国に拡大した．8月11日に名古屋の群衆が米屋を襲う場面(桜井清香画，「米騒動絵巻」)．

1　一九一八年夏の米騒動

女性たちの抗議活動

一九一八(大正七)年夏に、富山県西水橋《にしみずはし》町、東水橋町、滑川《なめりかわ》町、魚津《うおづ》町など日本海沿岸の人口一万数千人の中小都市に暮らす女性たちが、船で積み出される米の阻止を図り、集団で役場や詰所に押しかけた。男性たちは、北海道や樺太に遠洋漁業に出かけており、女性が行動の担い手となっている。

女性たちの動きを地元の『高岡新報』が伝え、さらに『大阪朝日新聞』『大阪毎日新聞』(八月五日付)が「高岡電報」による「女一揆」として報じた。「富山県下一帯に、昨今物価騰貴の為めに、貧民の窮状甚だしく」「過般来魚津、滑川、水橋等の町には、何となく一揆の起るらしき不穏の気分張《みなぎ》り居《おり》たる」が、八月三日に「漁夫の女房連三百余名、同時刻に(午前七時ころ)海浜に集り、物価の騰貴は米にありと豪語し、我々は餓死せざるべからず等と絶叫し」、有産者に「嘆願」し、米屋に米を搬出しないよう「脅喝」し、搬出したときには焼打ちすると脅したという(『大阪朝日新聞』八月五日)。

米騒動の発火点

この地域には、これまでも米をめぐっての騒動があったが、ここ数年の米の高騰に加え、一九一八年には、一升が三六銭八厘(七月一六日)であったものが、六〇銭八厘（八月八日）となった。夏場の端境期《はざかいき》で米が品薄であったことに加え、シベリア出兵のために米の買占め、売り惜しみがなされたためである。「物価の騰貴」「生活難」という言葉が、雑誌や新聞に飛び交い、副業が奨励されていた。

　こうしたなかで、女性たちは米の移出に不快感を持つとともに、廉売の際に売り出される輸入米（「外米」）への拒絶感があった。何よりも、大戦景気で生活の一定の向上がみられたときに、米価の高騰により生活の下降が余儀なくされる。抗議の目的には、生活防衛があった。

　富山県の女性たちの動きをきっかけに、こののち一カ月半以上にわたって、全国で人びとが集団的な示威行動を行った。また、工場や農村でも米価騰貴を理由とした争議や地主への要求が出され、さらに炭鉱地帯でも争議や暴動が起こった。一九一八年夏の米騒動である。

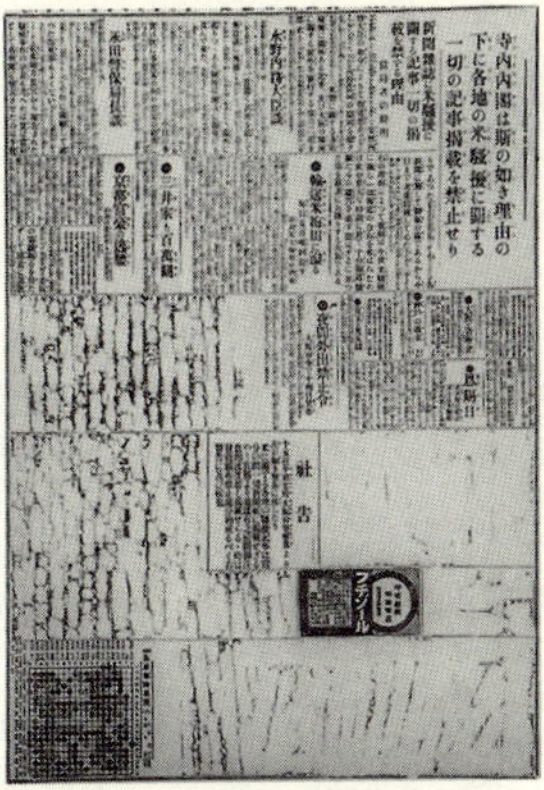
寺内内閣は斯の如き理由の下に各地の米騒擾に關する一切の記事掲載を禁止せり

社告

図 **3-1**　米騒動の記事を削除した『大阪朝日新聞』(1918 年 8 月 15 日). 米騒動は, 地域の地方新聞が様相を丹念に伝えている. そのため, 政府による新聞掲載禁止や発売禁止が相次ぎ, 8 月 14 日には「米騒擾」に関する一切の記事の掲載が禁止され, 165 紙に対して発売禁止がなされた. 記者たちは集会を開き, 言論擁護を唱えた.

連鎖反応

「高岡電報」により、米をめぐる騒動が関西方面に伝わり、八月八日に岡山県落合町で有志会が計画され、翌朝未明に町民が町役場に集合して町民大会を開催、米の移出禁止と廉売を要求した。その後、騒動は岡山県全体に拡大し、新聞は「形勢不穏」と報じた(『東京日日新聞』八月一〇日)。

近畿地方の大都市では、市民大会開催が予告され(うわさの場合もあった)、人びとが集まった。大阪では、八月一一日に、天王寺公会堂での米価調節大阪市民大会(国民党主催)で宣言や抗議文を朗読し、演説が行われたあと、人びとは「雪崩《なだれ》を打って、府庁に行け〳〵」と通りを行進し日本橋《にっぽんばし》に至り、「附近の米屋を襲いて廿五《にじゅうご》銭の量り売りを始め、近隣の嚊《かかあ》連は、バケツや飯櫃《めしびつ》を携えて店頭に集まり、雑沓を極めたり」(『東京日日新聞』八月一二日)。また、公会堂に満員のため入ることができなかった人びとは、広場に集まり「露天演説」を始め、三〇〇〇人の人びとが附近の米屋を襲ったという。その後、さらに騒動が拡大し、市内各所で米屋が襲われ、「大阪全市殆ど壊滅状態」(『大阪朝日新聞』八月一四日)といわれる状態となる。大阪市は、八月一四日に府令によって夜間の外出を禁止し、午後八時以降は電車の運転を中止した。

また、神戸では、八月一二日に湊川《みなとがわ》遊園地に集まった数千人の人びとが、米の移出入にかかわっていた鈴木商店を取り囲み、「表入口より乱入し暴行」を始め、電灯が破壊され真暗となるなか、「石油缶」に火を放ち、焼打ちしてしまう(『東京日日新聞』八月一三日)。

東京でも、『東京朝日新聞』(八月一〇日)に宮武外骨《みやたけがいこつ》が「米価暴騰問題に付き　市民諸氏に御

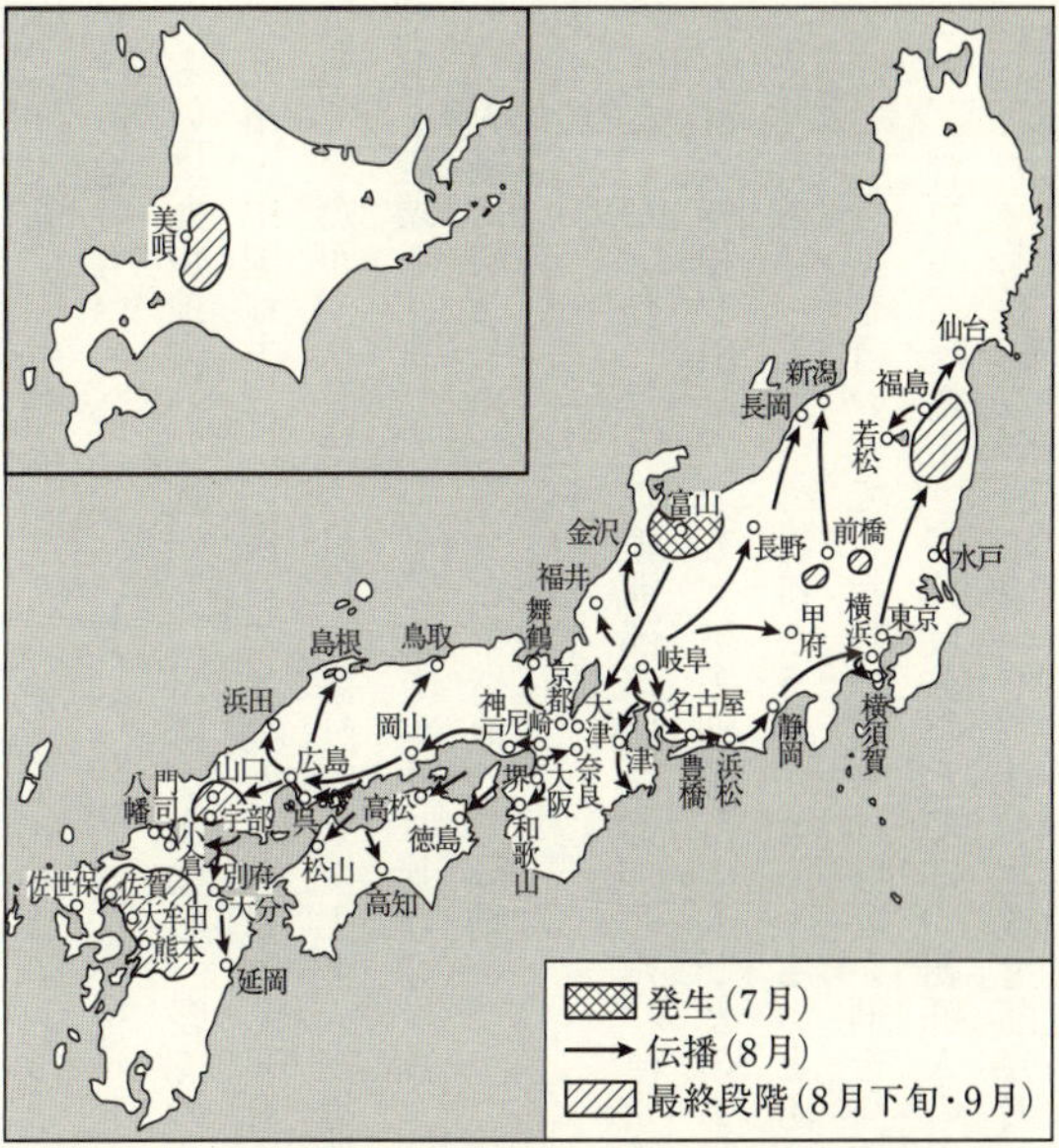

図 **3-2**　米騒動の拡大(『図説 昭和の歴史』2，より).

相談仕度候《したくそうろう》」と広告を掲げ、市民大会開催のうわさが流れる。大会当日とされた八月一三日には、日比谷公園に数百人の人びとが集まり、騒動を惹き起こしている。

全国化する米騒動

米騒動の発生件数が最大となるのは、八月一三日であった。この時期、近畿から中国、四国地方の各都市や町に連鎖的に波及し全国化する。県内の有力都市や軍隊が置かれた軍都でも米騒動の動きがあり、呉市では海軍工廠《こうしょう》の労働者が蜂起し、陸戦隊とのあいだで市街戦となり死者が出ている。現在まで、米騒動の確認されていないのは、青森、秋田、岩手と栃木、沖縄県のみという全国的な騒擾であり、一道三府三八県、四九市二一七町二三一村と、二九の炭鉱での動きが数えられている（ただ岩手、栃木県での騒動を挙げる論者もいる）。八月一七日以降は、件数は減っていくが、騒動は、北海道、東北地方、あるいは九州地方へと拡がる。軍隊が出動し、多くの死傷者を出した地域もみられた。

九州・中国地方では、炭鉱の暴動が次々に報じられた。宇部《うべ》炭鉱では、六月来、賃金増を要求していたが、八月一六日に「暴動起り、工（ママ）夫人夫等約四千名米商其他の商店を襲い、更に宇部署を破壊し、電信電話線を切り、更に炭坑（ママ）事務所、炭坑（ママ）主住宅等に放火し、同町遊郭を襲いて、灰燼《かいじん》に帰せしめたり」と市街地での騒動となった（『東京日日新聞』八月一九日）。爆弾が用いられたという記事もみられる。

また、米騒動には、被差別部落民も参加した。津市では、主要な担い手を被差別部落の人びとが占め、和歌山県内でも、被差別部落の人びとの参加が指摘されている。米価騰貴による生活苦とともに、差別への抵抗がうかがえる。もっとも、このことは、ことさらに被差別部落の人びとの行動を言い立て、裁判で彼らに厳しい刑を科す理由ともなり、ことは単純ではない。また、神戸市、尼崎市、宇部炭鉱などでは、朝鮮人の参加も報じられている。

騒動を語る人びと

米騒動の原因について、日本弁護士協会の太田資時《すけとき》は、①米価の高騰と政府の対策の不備に起因する「一般生活の不安」、②鉱夫の暴動、小作人の騒擾に見られる

「不徳の富豪に対する平素の余憤」、③被差別部落の人びとの「境遇上の不満」を挙げたうえで、④政党や「危険思想」の影響は見られないと述べている（『福岡日日新聞』九月二六日）。最後の点で、太田は、米騒動が「階級」意識に基づく計画的な行動でないことを指摘している。弁護士・布《ふ》施《せ》辰治《たつじ》は、米騒動を生存権を背後に持つ運動として把握する。

同時に、米屋を襲ったときに、時価（たいがいは、暴騰前の一升二五銭）で売れという要求を出し、それが認められないときに強奪を行うという行為が、騒動での人びとの行動様式であった。米屋の打ちこわしそのものを目的とする行為ではなく、行動にも統制がとれており、近世の百姓一揆と同様の心性であるモラル・エコノミーを指摘する論者もいる。

米騒動の性格に対しては、石橋湛山は、考えれば考えるほど「その性質が重大」といい、「我国の政治的危機を画するもの」とした（『東洋経済新報』一九一八年九月五日）。

また、雑誌『法治国』（一九一八年九月）は、識者に「米騒動の感想及批評」を聞くが、回答者は、それぞれに、米騒動が従来の騒擾と異なることを指摘し、単に米価問題によるものではないことを強調する。星島二《に》郎《ろう》は、「実に政治問題、社会問題、思想問題、其他種々なる意味が含れて居る」といい、同じく「単純なる米価問題」ではないとする内田魯《ろ》庵《あん》は、「階級戦の第一烽火《ほうか》」とした。三浦銕太《てつた》郎《ろう》は「タトヒ一時でも政府を非認し、人民自身が政府に代て、或は臨時政府の位置に立ちて、米価の引下げを強制した」ことに着目し、高畠素之《たかばたけもとゆき》は、米騒動が

「地方から東京へ波及し」「女も加わっている」こと、そして、「政界の偶像」が加わっていないことを指摘した。

朝鮮でも、一九一八年には米価が高騰し、賃上げを要求するストライキがみられ、八月にはソウル市内で市民大会開催のビラや張り紙が出された。八月二八日には米廉売所の小学校で混乱が起き、憲兵や警官隊が出動しているという（歴史教育者協議会編『図説　米騒動と民主主義の発展』）。

アジアの中の米騒動

さらに、アジア地域の動向も見逃すことができない。日本政府は朝鮮だけでなく、仏領インドシナ、英領ビルマ、タイなどからも米を買い付け、その量は一九一九年度には大きく飛躍した。そのため、東南アジア一帯の米価は高騰する。米の輸入は、アジア各国から米を奪う行為となり、あらたにアジアに米騒動を連鎖させることになった。

騒動鎮圧と内閣倒壊

米騒動に対し、ときの寺内正毅《まさたけ》内閣は、緊急輸入した「外米」や白米の廉売政策により民心をなだめようとしたほか、寄付金を利用しての救済も行う。寄付には、天皇家三〇〇万円をはじめ、三井、三菱などの財閥、富豪が応じた。

米騒動の鎮圧には、警官隊のみならず軍隊が出動し、兵士の派遣は八月一一日以降、一二二カ所、一〇万一七一八人に及んだ。また、米騒動では二万五〇〇〇人以上が検挙され、そのうち七七八六人が起訴された。死刑二人、無期懲役一二人を含め、厳しい判決が出されている。

逮捕者は職工、日雇い、職人、商人など「雑業層」が多く、この点から米騒動は、日比谷焼打ち事件以来の都市民衆騒擾の延長としての性格を持つ（表1－1参照）。あわせて、農村や工場、炭鉱などで、中流以下の階層の人びとの広範な参加があった。

米騒動は、「民衆」の力を見せつけることとなり、社会運動の局面のみならず、統治のうえでも大きな転機を作り出す。近代日本史上でもっとも大規模な社会運動のひとつであり、寺内内閣を辞任に追い込むこととなった。寺内は、すでに米騒動のさなかの八月下旬には辞任の意向を固めていたといい、騒動の鎮圧を待ち辞任した（正式には、九月二一日）。

2　政党内閣の誕生

原敬内閣の誕生

政友会総裁の原敬は、米騒動後の日記に「午前一〇時半参内拝謁《さんだいはいえつ》せしに、寺内内閣総理大臣辞職せしに因《よ》り、卿《けい》に内閣の組織を命ずとの御沙汰《ごさた》あり」（一九一八年九月二七日）と記す。原敬内閣の誕生である。

初の本格的な政党内閣である原内閣は、米騒動により実現したといって過言ではない。米騒動のさなか、政権を狙う原は慎重に行動している。八月上旬の米騒動のピーク時に原は故郷の盛岡におり、九月初めまで東京には戻っていない。このとき、原は、元老や藩閥勢力との調整を考えており、決して騒動に参加する人びとの側を向いてはいなかった。

原は、九月二日に寺内の辞任決意の情報を得て四日に帰京し、山県有朋をはじめ政界の要人たちと会っている。だが、原に声がかかるまでには、西園寺公望《さいおんじきんもち》や清浦奎吾《きようらけいご》らの名前があがり、原を首相とすることには、まだ抵抗があった。

表3-1　原敬内閣の構成
（1918年9月29日の成立時）

内閣総理大臣	原　敬
外務大臣	内田康哉
内務大臣	床次竹二郎
大蔵大臣	高橋是清
陸軍大臣	田中義一
海軍大臣	加藤友三郎
司法大臣	（兼）原　敬
文部大臣	中橋徳五郎
農商務大臣	山本達雄
逓信大臣	野田卯太郎
内閣書記官長	高橋光威
法制局長官	横田千之助

1920年5月，鉄道省設置に伴い鉄道大臣が置かれた．

政党内閣は、それほどに警戒されていた。

原内閣の誕生は、一九一八年九月二九日。外相と陸海相を除く大臣を、すべて政友会から出すという初めての本格的な政党内閣となった（表3－1）。原は、ときに六二歳。一九一四年に政友会総裁に就任していたが、岩手県盛岡市の出身で藩閥に属さず爵位も持たないため、「平民宰相」として人気を博していた。吉野作造は、原内閣の誕生を「何といっても時勢の進運並びにこれに伴う国民の輿望《よぼう》である」とした（「原首相に呈する書」『中央公論』一一月）。

四大政綱

原内閣は、四大政綱として、①「教育施設の改善充実」、②「交通機関の整備」、③「産業及び通商貿易の振興」、④「国防の充実」をあげ、産業基盤を整え国力を充実させることを図り、そのことによって第一次世界大戦と戦後の世界に対応しようとした。

①に関しては、中等・高等教育の充実を図り、高等学校(一〇校)、実業専門学校(一七校)、専門学校(二校)を新設し、商業学校を単科大学(東京商科大学)に昇格させた。学部の増設も行い、東京帝国大学に経済学部が設置された。中等教育機関も大幅に増え、生徒数が激増する。また、一九一八年一二月の大学令により、慶應義塾大学、早稲田大学、明治大学、法政大学などの私立の専門学校が大学となった。

図**3-3**　議会で演説する原敬首相(原敬記念館蔵).

②の中心は、鉄道政策であった。鉄道院を鉄道省に昇格させ(一九二〇年五月)、幹線から地方線へと重点を移動し、鉄道網の整備と充実を図る。道路も、一九一九年に道路法を成立させ、国道や府県道などの道路区分・等級と管理責任を定めた。また③では、都市計画法によって、隣接町村を区域に入れることを可能とし、市街地建築法で市街地を住居・工業・商業の三地域とした。さらに④に関しては、歴代の海相が要求してきた海軍の八・八艦隊(戦艦八、巡洋戦艦八からなる)の建造や、陸軍の二一個師団の充実、兵器の改良といった軍備の拡張、軍備の近代化を図った。

政友会と積極政策

原は、積極政策を全面的に推進した。これは、中央の財界の要求を満たすとともに、地域に利益を誘導し、地域の名望家である「旦那衆」を政友会の基盤としてとりこむものであった。そのため、たとえば、兵庫県北部の但馬《たじま》地域では、旦那衆が円山《まるやま》川の堤防改修促進を期待し、かつての憲政会から鞍替えして政友会支持となった（伊藤之雄『大正デモクラシーと政党政治』）。また、これまで公益企業に不満をぶつけていた都市の旦那衆（中小商工業者）の動きは、廃税運動を除いて、この時期には見られなくなる。

原は、さらに選挙法の改正と郡制の廃止によって、政友会の基盤を固めようとする。一九〇〇年の選挙法改正で、すでに納税資格は直接国税一〇円以上に引き下げられていたが、原はさらに三円以上とし（一九一九年五月）、有権者の数は一四三万人から二八六万人へと倍増した。あわせて小選挙区制を導入し、議員定員を三八一議席から四六六議席にふやした。

有権者と議席数を拡大したもとでの総選挙（一九二〇年五月一〇日）で政友会が圧勝すると（二七八議席）、野党の憲政会も積極政策をとる。そのため、政友会は積極政策で地域利益の導入を図り、非政友会勢力が負担軽減論を主張するという対抗軸はいったん解消した。

普通選挙運動

だが、原の積極政策には切り捨ての面が少なくない。中高等教育の拡充は、義務教育への教育費充実を無視し、中高等教育に参入できない人びとの不満を生み出した。また、普通選挙の導入に関しては、政友会が名望家秩序に拠るために時期尚早の立場をとり、原内閣期には遠のいた。そのため、逆に普通選挙を要求する運動は高まる。

普通選挙運動は、一八九七年に普通選挙期成同盟会が長野県松本市で結成されて以来、長い歴史を持つ。勢いが衰える時期もあったが、一九一九年には大きな盛り上がりを見せた。「憲法発布三〇周年記念日」の二月一一日には、学生によるデモが行われ、夜には、期成同盟会と学生団体による大演説会が開催された。大阪、名古屋、静岡、高松、鹿児島、仙台、広島などでも集会や演説会が開催され、全国的な規模での運動となる。一九二〇年春までこの動きは継続し、「大衆的普選運動」(松尾尊兊『普通選挙制度成立史の研究』)が展開された。

統治と社会

この第一次世界大戦と米騒動の時期は、統治機構の再編が試みられていく時期でもある。すでに、寺内内閣期に、臨時外交調査委員会や臨時教育会議(ともに一九一七年)が設けられ、あらたな国民統合の方策が模索されていたが、米騒動をきっかけとして、内務省救護課は社会課(一九一九年)とされ、一九二〇年には社会局に昇格した。社会政策や協調政策の方向を打ち出し、社会の次元を掌握しようとする。

原は、結核予防法、トラホーム予防法(一九一九年)をはじめ、借地法、借家法、職業紹介所法(一九二一年)、健康保険法(一九二二年、施行は二七年)などの社会の次元にかかわる法を次々に定め、借地借家調停法(一九二二年)、小作調停法(一九二四年)、労働争議調停法(一九二六年)などの調停法を出す。一九一九年以降には労働組合法案、小作立法案(小作法、小作組合法）の基本法の制定が志向されており、その力関係のなかで労働政策、農業政策が施行される。

また、刑事訴訟法改正案が、第四五議会（一九二一～二二年）に提出される。この改正案は、人権擁護の要求により、弁護権拡大、被告人の当事的地位の強化を図り、未決拘留の期間を制限し、「黙秘権」を設定していた。他方で、捜査機関の強制捜査や権限拡大を受け入れ、治安取締りを強化することをねらう。とくに「要急事件」の新設は、令状がなくても被疑者を拘引、拘留し、訊問することを認め、差押えも可能としたものであった（一九二四年施行）。

一九二二年に公布された少年法は、一八歳未満の少年の保護手続きと刑事処分について定め、翌二三年に公布された陪審法（実施は、二八年）は、内閣成立とともに立法化に着手したもので、人びとのなかから陪審員を選出し裁判に参加させた。

社会政策の展開

これらの立法の背後にあるのは、社会問題と社会運動に対処するときに、人びとの要求を一定程度受容したうえで統治を再編する姿勢である。原は、すでに米騒動前年の一九一七年一〇月二二日の日記にこう記している。「将来、民主主義の勃興は実に恐るべし、是れ余も官僚も同様に心配する所なるが、只《ただ》官僚は此《この》潮流を遮断せんと欲し、余等《ら》は之《これ》を激盛（ママ）せしめずして相当に疏通して大害を起さざらん事を欲するの差あり」。

社会運動の激化という「大害」を避けるために、社会に目を向け人びとの要求を取り込み「疏通」を図る。米騒動後は、こうした方針が一般化し、市町村レベルでも社会局や社会課が設置され、同様の対応がなされた。大阪市では、公設食堂や公設市場、公益質屋や職業紹介所が設けられ、これまで在野で民間の団体が行っていた社会救済の事業を市が行う。また、一九一九年から『労働調査報告』を刊行する一方、方面委員制度を創設した(一九一八年)。方面委員制度は、地区(方面)ごとに委員をおき、地区内の困窮者の生計・生活調査を行い、相談をうけ、必要に応じて社会施設との連絡にもあたる。方面委員には、地域の中小商工業者(旦那衆)が任命されることが多く、困窮者の監視という治安対策の面もあった。

これらは、助役(のち、市長)関一《せきはじめ》によって主導されたが、大阪市のみならず、東京、京都、横浜などの大都市のほか、地域の中都市でも実施された。また、内務省社会局も、「不良住宅地区」、「要保護世帯」や貧困、児童保護などの調査を行い、社会政策を展開する。

教化運動と国民統合

さらに、この時期には教化運動も展開され、人びとを政府や市町村と協調的・調和的な運動に誘導しようとする。そのひとつ、内務省の民力涵養《かんよう》運動は、一九一九年三月に開始され、床次竹二《とこなみたけじ》郎《ろう》内相は、「国体」の観念とともに「立憲の思想」を強調し、「健全なる国家観念」とあわせて「自治」「公共心」の育成をいい、伝統性と近代性を混在させている。だが、実践の項目となると、後者の合理性にもっぱら力点がおかれた。「勤労の趣味」を助長し、「貯蓄の奨励」「時間を確守する方法」「能率増進の方法」、また「衣食住の改良」による「簡易生活」や「冠婚葬祭送迎」「娯楽」の改良が唱えられる(『内務省史』

第一巻、一九七一年）。国家により私生活領域の合理的改善が図られ、近代的な生活を営む「国民」の育成が促される。

文部省による「生活改善」も同様の試みである。一九一九年に新設された文部省普通学務局により、住宅、服装、社交儀礼、食事の改善がいわれ、生活改善展覧会（一九一九年一一月〜二〇年二月）が開催された。また、これをきっかけに、一九二〇年一月に生活改善同盟が結成される。同盟会は、新中間層の家族の出現に即応し、女性に焦点をあわせ、生活合理化を通じて、国家の基礎である家庭の改善・生活改善を狙うが、「民力涵養」も「生活改善」も私生活の領域を公共化し、主体性を通じての動員を図る。

あらたな統合策を示すような団体も結成される。一九一九年一二月二二日に設立された協調会は、床次内相と、実業家の渋沢栄一らが発起した。半官半民の性格をもつが、「協調会設立趣旨書」は、「資本労働の協調」は産業発達の「第一義」で「社会の平和」を保つものとし、従来の温情に基づく主従関係的な労使関係を排した。資本家は労働者の人格を尊重して生活改善を図り、他方、労働者は修養鍛錬を行い自ら「地位」の向上を目指すとする。労働者側と資本家側の双方に要求を出しつつ、対立する関係の「協調」を標榜する。会長は徳川家達《いえさと》、副会長に清浦奎吾、渋沢栄一らが名前を連ね、大資本家と社会政策家が加わり、資本家の主導権のもとでの「協調」であった。

国勢調査と植民地

このようななか、第一回国勢調査が一九二〇年一〇月一日に実施される。当初は、一九〇五年に予定していたが、日露戦争勃発のため延期されていた（台湾では、一九〇五年と一五年に、戸口調査として独自の調査を行った）。国勢調査は世帯単位でなされ、社会や人びとの関係を世帯で把握する。

南洋群島を含めた各植民地でも実施されたが、朝鮮では三・一運動のため延期され、簡易調査となった。また、国勢調査では、植民地やアイヌの人びとを対象として民族を記入させる「民籍」（戦前の調査のみに置かれた）が調査される。樺太の場合、「民籍」として、「アイヌ、オロチョン、ギリヤーク、サンダース、トングース」が設定されている。民族の名称は、その後変更されたり、付け加えられたりと変化がある（青柳真智子編『国勢調査の文化人類学』）。このように調査もまた、あらたな統治の技法として効力を発揮している。

「社会」への眼

だが、第一次世界大戦と米騒動の激動のなかで追求されたあらたな統治と統合の試みには、幾筋もの亀裂やひび割れがみられる。

第一には、社会政策・社会研究・社会調査の領域で、官と民との対抗がみられる。経済学者で改造の潮流に属する福田徳三《とくぞう》は、雑誌『解放』創刊号の巻頭に「解放の社会政策」（一九一九年六月）を寄せ、官とは異なる民の立場からの社会政策を論じた。また、櫛田《くしだ》民蔵《たみぞう》は、「調査《アンケート》」は「民本的思想の産物」といい、「防貧の根本策」を欠いたまま行われる政府の調査を批判する(『大阪朝日新聞』一九一八年一月三・四日)。

また、社会問題を指摘し、体制の告発がなされた。生田長江《いくたちょうこう》・本間久雄編『最新社会問題十二講』(一九一九年)をはじめ、安部磯雄《いそお》や山川均《ひとし》、堺利彦らを執筆者とする浩瀚《こうかん》な『社会問題講座』(一九二四〜二五年)など、多数が刊行された。また、乳児死亡率の高さを問題視した、暉峻《てるおか》義等《ぎとう》『乳児死亡の社会的原因に関する考察』(一九二一年)も出された。

なかでも、「真面目なる調査」(「国勢調査実施の急務」『国家学会雑誌』一九一七年五月)を説いた高野岩三郎が実施した月島調査(一九一六年)と、大原社会問題研究所の設置(一九一九年二月)は特筆されるべき出来事であった。大原社会問題研究所は、一九二〇年に『日本労働年鑑』、一九二三年八月からは『大原社会問題研究所雑誌』の刊行を開始し、労働者の立場からの調査と報告を継続した。また、高野の調査は、労働者生活の細部にわたるのみならず、その現状に対する批判と憤りが示されている。

ここでうかがえるのは、調査や研究、政策の領域をめぐって、政府・市町村と、在野の人びととのあいだでのせめぎ合いである。調査の手法、さらに内容も目的も異なる。

地方的市民政社の台頭

ひび割れの第二の現象は、地域における旧来の名望家秩序の変容である。積極政策により、たしかに名望家の一部は取り込んだが、離反する部分も少なくない。原の目論見にもかかわらず、既成の政党に一定の距離を置き、地域の利害から出発し、非名望家層を求心していく動きがみられる。非政友会勢力に接近するものや労働運動に共感するもの、あるいは在郷軍人会を結節点にするものなど地域によりその相貌を異にするが、各地に「市民政社」(松尾尊兊)が台頭してきた。

鳥取市連合青年会(鳥取)、経済同志会(呉)、秋田市青年会(秋田)、岡山立憲青年党(岡山)、富山県立憲青年党(富山)、惜春会(土浦)、交友会(川崎)、石川県立憲青年党(金沢)などが紹介されているが、いずれも伝統的な名望家秩序に対抗する動きを示す。青年たちが代表となるのも特徴のひとつで、あたらしい世代による地域秩序が模索されている。住民運動が地殻を揺るがす時期から、市民政社が地域秩序を脅かす時期へと推移していた。かつての地域名望家に代わる、「役職名望家」(升味準之輔)の登場もみられた。

疑獄事件と暗殺

いまひとつのほころびは、疑獄の多発である。積極政策にかかわる利権構造が作られたことに加え、原内閣期には、藩閥と結ぶ業者とは異なるパイプが形成された。あらたな利権は、しばしば汚職として摘発され、不祥事が続発した。一九一九年暮れに、関東庁阿片《アヘン》局主事がアヘンを密売しようとして発覚し、さらに関東庁の高官が関東州内で没収したアヘンを中国に密輸した事件が明るみに出た。また、翌年五月には、満鉄副社長が高値で炭鉱や船舶を購入し、その見返りに政友会への献金を要請した満鉄事件が起こり、東京市政でも「東京市瀆職《とくしょく》事件」と呼ばれる疑獄が相次いだ。一九二〇年に、明治神宮の参道の砂利敷きの手抜き工事に東京市会議員が関与した事件などで、七四人の東京市議のうち一七人が公判に付されるありさまであった。

他方、憲政会も、加藤高明《たかあき》総裁が内田信也《のぶや》から献金を受け、その際に普選を推進していた尾崎行雄や島田三郎を援助しないとした書簡が問題となった。加藤は事実無根としたものの、島田が脱党するなど混乱した(「珍品五個事件」。なお、尾崎は、普選案をめぐりすでに除名されていた)。

加えて、一九二〇年末には、宮中某重大事件が起こる。皇太子妃の候補であった久邇宮《くにのみや》家の母方に疾病が疑われ、それを案じた山県有朋が、婚約を解消させようとした。そのことに対し、杉浦重剛《じゅうごう》、頭山満《とうやまみつる》らの国粋主義者たちが反発し、大川周明《しゅうめい》や北一輝《きたいっき》らもこれに加わった。年を越しての混乱となり、宮内大臣が辞任し収拾をした。

こうしたなか、一九二一年一一月四日、政友会近畿大会に出発しようと東京駅に赴いた原敬は、ひとりの青年に暗殺される。その青年は、政友会にかかわる疑獄事件に憤慨したと述べている。

3 「改造」の諸潮流

雑誌『改造』

米騒動後に創刊された雑誌のひとつに、『改造』がある。一九一九年四月に、山本実彦《さねひこ》の改造社から発行された。「改造」は、この時期を代表することばであり、そのことを示すように、これまでの社会を変革する動きがあちこちで開始される。

雑誌『改造』は、当初こそ売れ行きが芳しくなかったが、同じ年の七月号(第一巻第四号)から動きを見せ始める。この号は、表紙に、大きく「THE RECONSTRUCTION」と記すレイアウトの工夫とともに、「労働問題社会主義批判号」として出された。労働者や社会運動のあらたな動向をつかみ、それを誌面に盛り込んで、一気に評判の雑誌となった。こののち、しばらく「資本主義征服号」(一九一九年八月)、「労働組合同盟罷工研究号」(九月。勢いあまって、発売禁止)や「階級闘争号」(一二月)などを謳った。

『改造』誌上では、キリスト者で社会運動家の賀川豊彦《かがわとよひこ》による半自伝的な小説「死線を越えて」(一九二〇年一〜五月)が掲載された。大病を克服した主人公が、スラムで布教活動を行う経験を描いて反響を呼び、植字工が涙を流しながら活字を組んだという逸話がある。また、一九二四年九月から一一月にかけての『改造』には、細井和喜蔵《わきぞう》「女工哀史」が掲載され、翌年七月には単行本として改造社から刊行された。『改造』は、社会問題の指摘から一歩踏み出し、「民衆」に視点を合わせ、社会改造を唱えることによって人心を把握していった。

他方、地域においても多様な文化活動が見られた。熊本県球磨《くま》郡の青年教員・橋本憲三らの『少数派』『スードラ』(一九一七〜一九年)、神奈川県小田原の小学校教員で詩人の福田正夫・井上康文らの『民衆』(一九一八年)、青森県で淡谷悠蔵が中心となった『黎明』(一九一九年)、長野県下伊那郡の青年たちの短歌雑誌『夕鶴』(一九二一年)、鳥取県の橋浦泰雄・涌島義博《わくしまよしひろ》らの『壊人』(一九二一年)や『水脈』(一九二三年)、秋田県土崎港でフランス帰りの小牧近江《こまきおうみ》らが刊行した『種蒔《ま》く人』(一九二一年)など、青年たちを中心とした多くの同人誌が生み出されていく。いずれの雑誌も若々しく、社会の改造とその主体としての自分たちの使命を主張している。

地域の文化活動

また、一九二一年一一月に長野県上田・小県《ちいさがた》地域に誕生した上田自由大学も、農村青年が組織した文化・教育運動であった。上田居住の金井正、山越修蔵、猪坂直一の三人の青年が、在野の哲学者・土田杏村《きょうそん》と連絡をとり哲学講習会を開き、さらに長期の講座を定期的に開設する。農閑期に、一日平均三時間、一講座平均五日間を開講する上田自由大学が始められた。「自由」のことばに、青年たちの社会変革の意気込みがうかがえる。講師には、土田のほか、恒藤恭《つねとうきょう》(法哲学)、高倉輝《てる》(文学)、出隆《いでたかし》(哲学)、新明正道《しんめいまさみち》(社会学)らが顔を見せ、一九二五年一一月の第五期までが開かれ、中断をはさみ、その後も三学期が開講された。

自由大学は、伊那、松本(長野県)、魚沼、八海《はっかい》(新潟県)、群馬にも設立され、宮城や青森、兵庫県などでも同様の動きがあったという。伊那自由大学は、社会主義運動に参加していた青年たちが「プロレットカルト」(プロレタリア文化)の立場から進め、土田らに批判的であった。

また、系譜は別だが、都市部では名古屋市民大学の動きがみられる。一九二〇年二月に、小林橘川《きっせん》、桐生悠々《きりゅうゆうゆう》らが開始した女性教育のための講座を、井箆《いの》節三が「各自の教養」を進めるべく構想を発展させ、講座を開講するとともに、週刊の機関誌『市民大学』を発行した。

武者小路実篤《むしゃのこうじさねあつ》の「新しき村」(一九一八年)が宮崎県に作られ、「宣言一つ」(『改造』一九二二年一月)により、有島武郎《ありしまたけお》が北海道狩太《かりぶと》(現在のニセコ)の農場を小作人に解放し、「狩太共生農団」を実現したことも、地域での文化的かつ社会的実践の流れに入れてよいであろう。

図**3-4**　上田自由大学での講義風景．講師は文学者の高倉輝(『図説 昭和の歴史』2)．

自由教育の試み

こうした文化実践の動きは、制度をも揺るがす。たとえば、教育の領域である。山本鼎《かなえ》による自由画教育が主張され、文部省唱歌が北原白秋《はくしゅう》により批判され、芦田恵之助《あしだえのすけ》による綴《つづ》り方《かた》教育が展開された。いずれも、臣民の養成のために子どもを型にはめ、個性を圧した強権的な教育への批判である。

千葉師範附属小学校や奈良女子高等師範附属小学校、茨城県石下《いしげ》町立小学校などでは、自由教育の実践もみられた。

羽仁《はに》もと子による自由学園、赤井米吉《よねきち》の明星学園、西村伊作《いさく》の文化学院、あるいは、教育の世紀社の児童の村小学校など民間での動きとあわせ、大正自由教育とよばれる教育面での改革である。これまでの公教育が、教育の目的から指導方法まで画一的に統制されていたのに対し、大正自由教育は児童に着目して多彩な教育実践を試み、一九二〇年前後からの潮流のなかで主要な位置を占めることとなった。

社会改造の四潮流

こうした社会改造を主張する動きや意識の胎動が始まる米騒動以降、すなわち一九二〇年前後からの時期には、四つの社会改造の潮流がみられる。第一は、民本主義者の議論の継続と進展である。米騒動後も、吉野作造の変わらぬ活動がみられ、吉野は「いまや時勢が変った。富国強兵は最早《もはや》国家生活の唯一の理想ではない」(「国家生活の一新」『中央公論』一九二〇年一月)として、政党政治の拡大と民意の尊重を主張した。

第二には、大逆事件以来、活動を封じられていた社会主義運動が復権し、また、これまで差別されてきた人びと自身が声をあげ、改革を目指す動きが開始される。第三には、日本や天皇を前面に掲げ、「国体」に立脚した改造を目指す国家主義団体が結成された。加えて、第四には、国家や市町村もまた、従来の統治方式を変え、あらたな方策による社会の編成を試みる。

これらは、いずれも米騒動以後の帝国日本の改革の四つの方向とその実践である。近年の歴史家たちは、「改造」の語を用いて米騒動後の一九二〇年代の歴史を考察するようになっている（鹿野政直）。在野で改革を目指す三つの運動と、それへの対処も含む、政府や市町村によるあらたな統治が開始されたのである。この第四の動きは、すでに前節でみた。本節では、第一の改造の動きを検討し、第二と第三の改造の潮流については次節以下で扱おう。

第一の改造は、「デモクラシー」の議論を基調にすえる。ここには、先の第二、第三の潮流の改造であった社会主義や国粋主義の潮流が交錯し、互いの批判関係が見られ、複雑な関係が作り出される。

吉野の立会演説会

吉野作造は、一九一八年一一月二三日、東京・神田の南明倶楽部で、右派を代表する頭山満らの浪人会《ろうにんかい》と立会演説会を行う。きっかけになったのは、一〇月に浪人会が、『大阪朝日新聞』の記事の一句「白虹日《はっこうひ》を貫けり」をとらえ、朝日新聞社を国体擁護の名分で攻撃したことにある。この出来事の処置をめぐり、民本主義の拠点のひとつであった『大阪朝日新聞』から、鳥《とり》居《い》素《そ》川《せん》、丸山幹治《かんじ》、大山郁夫《いくお》、長谷川《はせがわ》如是《にょぜ》閑《かん》らの編集幹部が退社した。同時に、吉野は「言論自由の社会的圧迫を排す」（『中央公論』一九一八年一一月）で、浪人会の行為は「今日の一大不祥事」と厳しく批判した。浪人会が吉野につめより、見解をただしたため、いくらかのやり取りののち、立会演説会が開かれることになった。

立会演説会は、浪人会側と吉野が交互に主張を行ったが、会場の内外で吉野を支援するものが圧倒したという。だが、会衆は「天皇陛下万歳」を三唱して散会しており、吉野と浪人会は

「国体」を保持する点では共有点もある。

黎明会の結成

その後、吉野は、福田徳三とともに民本主義の知識人集団である黎明会《れいめいかい》を結成した。今井嘉幸《よしゆき》、新渡戸《にとべ》稲造《いなぞう》、大山郁夫らが加わり、一二月二三日に初会合を行った。黎明会は、「頑冥《がんめい》思想」である旧来の思想を排し、「戦後世界の新趨勢」に「順応」することをいうが、あわせて「日本の国本を学理的に闡明《せんめい》」することを目的とする（「大綱」『黎明講演集』第四輯、一九一九年）。会は講演会を開き、パンフレットを刊行するなど啓蒙活動を行う。

　黎明会のメンバーでは、福田徳三や大山郁夫らの活躍がめざましい。福田は、「解放の社会政策」（『解放』創刊号、一九一九年六月）を唱え、その観点からの民本主義論を主張する。「武断的」のみならず「経済的」な侵略主義をも拒否し、「全き国民を包含したデモクラシー」を「新箇のデモクラシー」として主張した（「資本的侵略主義に対抗　真正のデモクラシーを発揚」『中央公論』一九一九年一月）。

　また、大山郁夫は、政治的次元のみならず、「経済的」「社会的」な次元での「真正のデモクラシー」を提唱する（「社会改造の根本精神」『我等』一九一九年八月）。このとき、大山は、単に「各種の特権階級を否認」するにとどまらず、「別の新たなる社会状態」を構想して「改造」をいう。「人間らしく活きる」社会状態を建設することを提言した。

「人間」を掲げて「デモクラシー」を唱える論者として、賀川豊彦や長谷川如是閑らの名前を加えることができる。賀川は、神戸のスラムで「貧民」とかかわりながら社会運動に参画し、一九二一年には、後述する神戸の川崎造船所の争議を指導し、消費組合運動やセツルメント運動、農民運動にもかかわる。『自由組合論』(一九二一年)では、生産者である労働者を社会の中心とする理想社会が提示され、労働組合を基礎とする新社会を主張する。だが、キリスト者である賀川にとっては、人格の修養こそが目指されるべきもので、「暴力」による変革は斥けられた。

「人間」への視点

他方、賀川は直接の政治ではなく、内面(「心理」)に着目し、その変革による社会改良を唱え、『貧民心理の研究』(一九一五年)や『精神運動と社会運動』(一九一九年)を刊行していた。賀川は、社会の矛盾に立ち向かい、社会問題の現場に飛び込んで行く行動力を持ち、周囲の人びとに強い影響力を有した。その反面、社会関係を変更しないままに問題の解決にあたり、賀川の議論では、しばしば現状の維持の局面が拡大されることにもなった。

以上の第一の改造の潮流は総合雑誌を拠点とし、民本主義を鼓吹した『中央公論』に加え、さきの『改造』や大山郁夫、長谷川如是閑らの同人雑誌『我等』(一九一九年二月)、『解放』(同年六月)などがあらたに創刊される。第一の潮流では、第一次世界大戦と米騒動による社会の変化に即応し、従来の藩閥対政党、権力対民衆の枠組み、あるいは専制と抵抗という二者間の対立にとどまらぬ関係を見据え議論しようとする。一九二〇年代の状況は、「デモクラシー」論者に追い風となったが、彼らの議論は、依然として「国民」を根拠としており、米騒動を挟んでの離陸の距離はさほどではない。

山川均の批判

そのため、第二の潮流である社会主義者たちから、吉野作造への批判がみられた。吉野による「国民」の立場からの「改造」は改良にほかならないという、「階級」や「人民」を根拠としての批判である。その代表格は山川均であった。「吉野博士及北教授の民主主義を難ず」(『新日本』一九一八年四月)で、山川は、吉野が「主権運用」と「主権存在」を切断したと論難する。デモクラシー論が、選挙権拡張の議論に切り縮められ、吉野の議論は「暗礁」に乗り上げていると批判した。

さらに山川は、大山郁夫をも俎上に載せ(「沙上に建てられたデモクラシー」『新社会』一九一七年三月)、大山は「挙国一致」のうえにデモクラシーを建てようとしているという。山川は、大山のいう「国民の共同利害観念」こそが、「階級」の分裂と対立を隠蔽しており、大山の議論では「一つの階級の利害」を、「他の階級の利害」に「隷属」させることになると批判する。「デモクラシー」は「権力階級の代弁者」たらんとするのか、と山川は、大山に迫った。

山川と、吉野・大山の対立点は、デモクラシーの担い手とその議論の射程にある。だが、大杉栄《さかえ》が、半ば茶化すようにして吉野や大山を批判する態度と比較するとき、山川は第一の潮流と接点を有していた。

改造の在野の三潮流は相互に対立し対抗していた。すなわち、第一の改造の潮流内部でも批判関係がみられる。室伏高信《むろぶせこうしん》は、吉野のような個人に基盤を置く一八世紀のデモクラシーではなく、国家や民族など団体主義的な「現代のデモクラシー」を主張し、吉野と論戦をする。他には、吉野と福田徳三、室伏と大山郁夫の論戦もみられた。さらに第一と第三の国権論者（吉野と北昤吉《きたれいきち》）、第一と第二の社会主義者（山川均と室伏高信）、第二と第三（山川と北昤吉）など、それぞれの立場からの応酬もあった。

新人会とその変化

ひとりの思想家やひとつの団体が、潮流を越えて思想内容を変化させていくこともみられる。河上肇や大山郁夫は、第一の潮流から出発し、のちには第二の潮流である社会主義の論客となっていった。また、第一の潮流に位置する室伏高信は、第二の潮流を経て、一九三〇年代には第三の潮流へと立場を変遷させた。一九二〇年前後からの時期は、それほどに流動化が著しい。それを体現する団体のひとつが、新人会である。

新人会は一九一八年一二月に、吉野作造の強い影響力のもとに生まれた学生団体である。赤松克麿《かつまろ》、宮崎龍介《りゅうすけ》ら東京帝国大学の弁論部の学生が中心となり、すでに卒業していた麻生久《あそうひさし》や佐野学が協力して結成された。「世界の文化的大勢たる人類解放の新機運に協調し之が促進に努む」「現代日本の正当なる改造運動に従う」ことを綱領とした（『デモクラシイ』各号に掲載）。

「ネオ・ヒューマニズム」(『デモクラシイ』一九一九年三月)から出発するが、すぐさま「ヴ・ナロード」(民衆の中へ)を掲げて急速に急進化し、デモクラシーの主張から階級の強調へと走り抜ける。

そもそも、新人会の機関誌は、『デモクラシイ』(一九一九年三月〜)、『先駆』(一九二〇年二月〜)、『同胞』(一九二〇年一〇月〜)、『ナロオド』(一九二一年七月〜)とめまぐるしく推移している。発売禁止を含む圧力に対し、媒体を取り替え対抗する(あるいは、そのことを余儀なくされた)という面がみられるが、新人会では機関誌の推移は、それ以上の意味を有していた。すなわち、『デモクラシイ』は、「終局の目標」として「凡《すべ》て人間は自由」で「人間の価値」を高めていくことを求め(観風子(赤松克麿)「発刊の辞」一九一九年三月)、「改造の主動者《(ママ)》」は「青年自身」としていた。しかし、このとき、はやくも機関誌の変化を構想し、改題を準備している。「『デモクラシイ』と云う名丈《だ》けでは私共の抱いている思想や事業を現わすに不充分であると考えた」(「編輯余録」『デモクラシイ』一九一九年七月)。

後継誌となった『先駆』では、「真理を怖るるのみ」(創刊号、一九二〇年二月)と記すだけだが、『同胞』『ナロオド』となると、ねらいは鮮明となり、表現も率直である。『同胞』に掲げられた「万物は流転す」(一九二〇年一〇月)は、「旧き衣」である資本家と軍閥の社会を棄て、「新しき衣」としての「生産者の世界」を生み出そうという。「略奪者の世界」から「創造者の世界」

へ「転回」しようと、「生産者の世界」に立ち「解放の世界」への飛躍を論じた。また、「未来は民衆の手に」(『ナロオド』一九二一年七月)は、「民衆」が「起つべき時」が来たと、さらに戦闘的な調子となる。「資本家《ブルジョア》の桎梏《しっこく》に悩める無産階級《プロレタリアート》。男子の専制に犠牲となれる婦人。〔一六字分伏字〕、及び文明の下積となれる未開人。いざ起て、而して我等の聖《きよ》き戦を戦おう」と、協調から脱却しての戦いを呼びかけた。

4　無産運動と国粋運動

復活の予兆

一九二〇年前後からは、第二の改造の潮流である社会主義運動も、逼塞の状況を脱し復活する。予兆は、一九一五〜一六年ころに見られた。堺利彦は「冬の時代」に刊行した『へちまの花』を終刊して『新社会』を発刊し、「小き《(ママ)》旗上」を宣言した(一九一五年九月)。社会主義のあらたな展開というよりは、守ってきた火種を大きくしたといえる。『新社会』は、当初は堺が個人で経営・編集したが、一九一七年八月からは堺を含め、荒畑《あらはた》寒村《かんそん》、山川均、高畠素之ら六名の共同経営とし、編集も輪番制とした。民本主義を批判するとともに、陣営内部での議論が展開された。

他方、堺は一九一七年四月の総選挙に立候補し、落選したものの社会主義者の存在を示すと同時に、第一の改造の潮流との協調を試みた。そして、米騒動とその後の労働運動の活性化に着目した堺は、留意すべきは「普通選挙と労働組合との二問題」という認識を示した（「普通選挙と労働組合」『中外』一九一八年一一月）。堺は、初期社会主義以来の社会主義者たちのまとめ役であると同時に、自由主義者たちともパイプを持ち、懐の深さを示している。

日本社会主義同盟

社会主義者にとり、状況が変わったと認識されるのは、なんといっても米騒動後のことである。堺利彦は一九一九年にその画期を見出し、『新社会』に「マルクス主義の旗印」を掲げ、翌年二月には誌名を『新社会評論』と改題し、九月にはついに『社会主義』とした。一九一九年一月には、河上肇の個人誌『社会問題研究』が発刊され、四月に堺利彦・山川均による『社会主義研究』、一〇月には大杉栄の『労働運動』（第一次）が創刊されてもいる。

社会主義運動復活の指標のひとつは、日本社会主義同盟の結成である。一九二〇年一一月の日付をもつ趣意書は、「広き意味にて一切の社会主義者を包括する」とし、発起人には「種々の労働団体」「各大学の学生団体」「諸種の思想団体」「従来の各社会主義者」に呼びかけたとする。日本社会主義同盟は、その「宣言」で「現代の資本家制度を根本的に破壊せん」とし、自由・平等・平和・正義・友愛の「新社会」「新組織」「新文明」を希求し、「階級闘争」を手段とする。堺利彦、山川均らマルクス主義者のみならず、大杉栄、近藤憲二《けんじ》らアナーキストが加わり、麻生久（友愛会）ら労働組合との合流は苦心の結果であった。文学者の小川未明《みめい》や、弁護士・山崎今朝弥《けさや》、社会運動家の嶋中雄三《しまなかゆうぞう》ら、多彩な顔ぶれが名前を連ね、加盟者は一三〇〇人を越えた。

だが、警察の厳戒態勢のもとで開かれた一九二〇年一二月の発起人会は、創立大会とした瞬間に解散させられ、のち結社禁止とされた。集まった人びとは「日本社会主義同盟万歳」を叫び革命歌を歌い、警官隊との乱闘もみられた。社会主義への弾圧は依然として継続している。

図 3-5　日本社会主義同盟が開催した演説会は，警察の弾圧を受け大混乱となった（1920 年 12 月 9 日，『歴史写真』）.

他方、人びとは社会主義の理論以上に、その反抗的で反権力的な雰囲気に共感していた節もある。

また、同盟の発起人に名前を連ねた高畠素之が結成した大衆社（一九一八年）には、尾崎士郎をはじめ、津久井龍雄《つくいたつお》ら右派の改革者が集まっていた。高畠は、雑誌『国家社会主義』も発刊しており（一九一九年五月）、復活した社会主義の潮流も単純な様相ではない。

アナ・ボル論争

社会主義の潮流では、内部対立もみられた。いわゆるアナ・ボル論争で、中心になったのは大杉栄である。大杉は、和田久太郎《きゅうたろう》が発行した『労働新聞』（一九一八年五月)で、アナーキズムやサンジカリズム(急進的労働組合主義)について論じ、北風会を結成していた。「専制君主たる資本家に対しての絶対的服従の生活、奴隷の生活から、僕ら自身を解放したい」と述べる大杉は、労働運動を、労働者の「自己獲得運動」「自主自治的生産獲得運動」とし、「人間運動」「人格運動」とする(「労働運動の精神」『労働運動』一九一九年一〇月)。

大杉は、労働者への密着を主張して「知識階級」に厳しい批判を行い、さらに普通選挙に反対し、労働者による直接行動の必要を説く。その点から、第一の改造の潮流とは絶縁し、さらに議会主義を主張する社会主義であるマルクス主義者(ボルシェビキ派)とも対立する。大杉は、吉野作造とともに、山川や堺にも批判の言を放っていく。「僕は今、日本のボルシェヴィキの連中を、たとえば山川にしろ、堺にしろ、伊井敬にしろ、荒畑にしろ、皆ゴマのハイのような奴らだと心得ている」(「生死生に答える」『労働運動』第三次、一九二二年九月)。

アナ派とボル派との対立の背景には、ロシア革命によって建設されたソヴィエトをめぐる評価の相違があった。両派は互いに論争するが、この対立は労働運動にも持ち込まれた。

「方向転換」

こうしたなかで、サンジカリズムを批判し、社会主義運動と労働運動のあらたな方針を提示したのが山川均である。

日本の無産階級運動――社会主義運動と労働組合運動――の第一歩は、先ず無産階級の前衛たる少数者が、進むべき目標を、はっきりと見ることであった。吾々は慥《たし》かに此の目標を見た。そこで次の第二歩に於ては、吾々はこの目標に向って、無産階級の大衆を動かすことを学ばねばならぬ。

（「無産階級運動の方向転換」（『前衛』一九二二年七・八月）

山川は、初期社会主義者のひとりとして出発するが、日本の社会主義運動が「思想的に徹底し純化する為め」に、第一歩として「大衆」と離れる「高価な代価」が必要であったという認識をもち、次の第二歩の段階として、「大衆の実際の要求」に触れる運動の実践の必要性を提起する。また、労働組合の運動に対しても、同様の認識を示した。全体に伏字が強いられた論文となっているが、山川は、サンジカリズムへの批判とあわせ、普通選挙を利用し政治へ介入する「方向転換」を説く。さらに、山川は、講話の草稿をもとに執筆した『資本主義のからくり』を社会主義入門書として普及させるなど、啓蒙活動にも励んだ。

この時期の社会主義運動は、プロカルト叢書のパンフレットをはじめ、水曜会パンフレット、無産者リーフレットなどを刊行する。さらに、社会主義者たちは、運動の機関誌だけでなく、『改造』などの総合雑誌への執筆も行い、批判勢力としてその位置を確保するようになる。

第一次世界大戦とロシア革命は、社会主義にとって追い風となる。第二インターナショナルの後を受けてコミンテルンが結成され、一九一八年一一月には、モスクワで第一回アジア共産主義者団体会議が開かれた。一九二〇年一〇月に上海で開かれた極東社会主義者会議に大杉栄が参加するなど、日本の革命が世界の革命の戦略のなかで、実践的に提起されるようになった。

コミンテルンと日本共産党

また、堺利彦を委員長として、日本共産党が一九二二年七月一五日に秘密裏に非合法に結成され、一一月にコミンテルンで日本支部として承認された(日本共産党の成立については、一九二二年三月ないし四月という説もある)。

「階級」という概念を打ち出し、社会の根底的な改革のために「革命」を視野に入れる社会主義運動は、改良的な運動を斥けることとなり、堺も雑誌『前衛』では、土田杏村、賀川豊彦、武者小路実篤、有島武郎、さらに吉野作造ら第一の潮流に対し、「反動的」「逃避的」「独善的」「現状維持主義」(「精神主義と潔癖」一九二二年一月)と痛烈な批判を展開する。原則を維持しながらの第一と第二の潮流の提携は、なかなかに困難になりつつあった。このなかで、布施辰治らの弁護士たちが、一九二一年八月に自由法曹団を結成し、社会運動の被告たちの弁護を行っていく動きは、運動の提携に力点をおく試みであった。

国粋主義の胎動

一九二〇年前後からは、右派の国粋主義者の活動も活性化する。第三の改造の潮流だが、農耕と思索を標榜し「兄弟村」を建設した橘孝三郎《たちばなこうざぶろう》は、内省的な姿勢から社会改造を実践したひとりで、農本主義を基礎におくユートピアを希求していた。

また、一九一八年一〇月に結成された老壮会も、同様に社会問題の解決を「国体」の観点から図る。もっとも、老壮会には、大川周明、北一輝、満川亀太郎《みつかわかめたろう》、鹿子木員信《かのこぎかずのぶ》、権藤成卿《ごんどうせいきょう》ら右派の活動家とともに、堺利彦、高畠素之、北原龍雄、高尾平兵衛《へいべえ》ら社会主義者として活動している人びとも加わっており、第二の潮流と重なりあう部分が多い。

人的な重なりだけではない。第三の潮流の代表的な論者のひとり、北一輝が一九一九年に上海で執筆した『国家改造案原理大綱』(のち、『日本改造法案大綱』)は、「英米の自由主義」をはじめ、マルクスもクロポトキンも、それぞれ「民族思想の開ける花」とする認識をみせ、自らの大綱も「日本民族の社会革命論」として、社会改造の潮流のひとつに位置づけている。なお、北は、こののち大川とともに猶存社《ゆうぞんしゃ》を結成するが、そこに集まったのは、満川、鹿子木、西田税《みつぎ》、安岡正篤《まさひろ》ら国家と民族を至上とする国粋主義者たちである。

「国体の淵源」

また、清原貞雄が執筆した内務省神社局編『国体論史』(一九二一年)は、米騒動後の動向に対する右派からの対応であった。「近時思想界の動揺」のなかでも、「国民の対国家観念乃至《ないし》国民道徳の問題」がもっとも重大とし、清原は、施すべき措置として「国体の淵源」を明らかにし、国民に国体に関する理解を徹底させることを試みる。国体論の系譜と解釈の概要を記すこの著作で、清原は、国体論を「科学的知識」に抵触させずに説明することを目論む。清原には、「一の中心点〔皇室を指す〕に向て国民が蝟集《いしゅう》して堅固なる国家を作れる」という認識がある。しかし、清原は、その国体が、天皇機関説を唱える憲法学者や社会主義者により脅かされ、また、植民地の領有による矛盾が出現したことを意識し、あらたな状況のなかでの国体保持を説く。

清原は国体論者として、植民地帝国・日本ゆえの矛盾――「民族」と「国民」のあいだの関係をいかに調整するかの問題に直面している。清原は、「根幹」の「大和民族」を「磐石《ばんじゃく》」にすれば、あらたに「附属し来《きた》る所の民族」である朝鮮や台湾に対しては、「権威と恩恵」とをもって臨めばすむ。しかし、彼ら植民地の「新府の民族」をも「同一様の範型に容れ得べき立国根本義」を求めるときには、「到底綜合家族の如く堅固なる能《あた》わざる」と述べている。

一九二〇年前後の時期において、社会主義者たちが、社会変革や革命の方策について議論をするとき、国粋主義者たちは誰を国体保持の主体とすべきかに想いをめぐらせる。改造の気運は、それぞれの陣営の根幹にかかわる議論を求めることともなっていた。

5　反差別意識の胎動

争議の高まり

労働者や農民、差別されている人びとにとっても、一九二〇年前後からの時期は、ひとつの画期となっている。この時期には労働組合が多数つくられ、川崎造船所や八幡製鉄所の労働争議をはじめ、足尾や日立鉱山など、争議の件数も増えた。一九二一年六月から八月にかけ、三万五〇〇〇人といわれる労働者がかかわった神戸の川崎・三菱両造船所の争議は、なかでも大きなものであった。団体交渉権の承認や賃上げを要求し、賀川豊彦が指導し争議団を結成して総罷業状態に入った。

図3－6は、示威行動と呼ばれたデモ行進の様子である。パナマ帽をかぶり洋服を着た争議団の人びと(労働者とその家族、応援者)が、のぼりや旗をかかげながら川崎造船所前を行進している。和服姿の男女の姿も見える。

図 **3-6**　川崎造船所前をデモ行進する労働者たち(大原社会問題研究所蔵).

職場のみならず、居住地域も同じくする労働者は、生活水準も同程度であった。ここを基盤とする共通感覚が、疎外感や鬱屈感という負の意識から、労働者としての誇りという正の意識に転換したとき、「階級」のリアリティが自覚されていく。

長期間にわたる争議のなかでは、湊川《みなとがわ》神社、生田《いくた》神社への参拝も行われている。このことは、彼らがさまざまな意識を持ちながら、争議に踏み切っていることを示す。この時期の労働者は、親方的職工が自分の部下を引き連れあちこちの職場を移動する形態をとっていた。この川崎・三菱造船所の争議は、警官のみならず、軍隊や憲兵が出動し、労働者側の敗北に終わった。争議団本部は「惨敗」したとの「最終宣言」を出した。

文化活動と日本労働総同盟

組合運動とともに、労働者の文化活動も活性化し、『労働文学』(加藤一夫、福田正夫ら。一九一九年)、『黒煙』(藤井真澄、坪田譲治ら。一九一九年)、『シムーン』(加藤一夫、吉田金重《かねしげ》ら。一九二二年)、『赤と黒』(萩原恭次郎《はぎわらきょうじろう》、壺井繁治ら。一九二三年)、『鎖』(陀田《だだ》勘助、細井和喜蔵ら。一九二三年)などの労働文学の雑誌が次々に創刊された。こうした活況のなかで、平沢計七《けいしち》は戯曲を数多く発表し、上演している。

平沢が『労働世界』(一九一九年五月)に発表した戯曲「一人と千三百人」は、先の川崎・三菱造船所争議を連想させる一九一八年夏の「某大造船所」の争議を舞台とし、ひとりの鍛え抜かれた指導者により、職工たちが「自治自立の精神」に目ざめていく様子を描く。平沢は「民衆芸術革命」のために自ら旗揚げした労働劇団（一九二一年二月）により、東京・大島町の会館で上演し、多くの労働者の共感を得ている。

平沢は、演劇活動によって、労働者の「自治自立の精神」の育成を図ろうとした。さらに、地域ぐるみの活動を構想し、一九二〇年一一月に岡本利吉とともに、労働者のための消費組合の始まりとなる共働社を設立し、地域の労働者に日用品を安価で提供する。さらに、共働社の事業として、労働者の集会や会合のための労働会館を東京の大島と月島に設ける一方、そこで労働者教育として文化義塾、日曜労働講座などを開催する。また、労働者のための相談部や、金銭を融通する労働金庫などもおいた。

労働者が動き出すなかで、平沢が所属する友愛会は、一九一九年の第七周年大会で、会名を大日本労働総同盟友愛会と改称した。組織運営を「会長独裁制」から「理事合議制」へ変更し、機関誌も『労働及産業』から『労働』と改題、労働組合としての性格を本格的に打ち出す。そして、翌年の第八周年大会では、大日本労働総同盟の「大」の字の削除が提案された。「大英帝国」「大帝国」など「「大」の字を冠せた名称は熾《さかん》に侵略的統一的の気分を想起させる」とし、「ミリタリズムやキャピタリズムを蛇蝎《だかつ》視する我々労働者」には、「大」の字は「不快な衝動を与える」という理由である（東京日日新聞社編『友愛会の組織と其内情』東京刊行社、一九二一年）。その後、日本労働総同盟は、一九二二年に新綱領を採択し労働組合運動の中核を担う。

農村の状況も、第一次世界大戦後の商品生産の進展のなかで変化する。それまで、「いえ」「むら」の共同体的な諸関係により結束して行われていた小作争議も、一九二〇年前後からは、「むら」を越えた農民組合の指導による運動となる。

日本農民組合の結成

一九二二年四月九日には、全国組織として日本農民組合が結成された。その「宣言」は、「田園も遂に資本主義の侵略するところとなり、小作人は苦しみ、日雇人は嘆く」といい、「我等農民は互助と友愛の精神を以て解放の途上に立つ」としたうえで、「暴力を否定」し、「思想の自由」と「社会公益の大道」に従い、「農民の団結による合理的生産者組合」による農民の「解放」を謳った(『土地と自由』第四号、一九二二年四月)。冒頭は、「農は国の基であり、農民は国の宝である」と書き出されており、国家意識から離れていない。また、「綱領」には「智識を養い技術を研き徳性を涵養」することが言われ、「相愛扶助」が主張され、初期の友愛会の主張と類似した修養による主体の育成が目指されている。

日本農民組合は、小作立法や争議の仲裁法の制定を要求しており、傘下には多くの組合が加わっている。当初の一五組合(二五三人)は、一九二四年末に六七五組合(五万人)と一挙に拡大し、小作料の永久三割減の要求もあちこちで実現している。ちなみに、小作料三割減の根拠は、全収穫を地主の金利・公租公課と小作人の生産費で按分したとき、地主の所得は収穫の三分の一以内となる。一方、現状は収穫の六割を取り立てているため「三割減額」が適当とされた

（大西俊夫『農民闘争の戦術、その躍進』一九二八年）。

農村の動きは、これまで官制団体としての性格が強く見られた地域町村の青年団に、自主化を促すこととなる。町村報であった時報を、青年団の青年たちが編集し、自らの主張を掲げるようになった。そのひとつで、一九一九年五月一日に創刊された『烏帽子之華《えぼしのはな》』（のち『木原時報』。長野県木原村）は、時報を「会員自由の論戦場」とし、「自治」を村落全般に徹底することを使命としたという（鹿野政直『大正デモクラシーの底流』）。

新婦人協会と赤瀾会

女性の運動組織も、一九二〇年前後からは、あらたな動きを見せ始める。一九二〇年三月二八日に結成された新婦人協会は、市川房枝《ふさえ》、奥むめお、平塚らいてうらによるもので、「相互の堅き団結の力」により「社会的地位の向上改善」「婦人としての、母としての権利の獲得」を目的とした。そして、男性と「協力」し、「戦後の社会改造の実際運動」に参加することをいう。社会改造の気運のなかで、女性が立たなければ、「当来の社会も亦《また》婦人を除外した男子中心のものとなる」という危機感があった。

新婦人協会は『女性同盟』を機関誌とし、女性の選挙権の実現、花柳病《かりゅうびょう》男子結婚制限法の制定などのために積極的に活動し、女性の政党加入や政治集会の主催・参加を禁止した治安警察法第五条の改正に成功している。政治運動・社会運動としての性格をもつ運動だが、花柳病に罹患した男性の結婚禁止の要求は「女性としての婦人」の面を強く出している。

平塚は、新婦人協会と青鞜社を比較しながら、青鞜社は「一種の精神(若《も》しくは宗教)運動」で「社会運動とまでは進んでいなかった」とする(「社会改造に対する婦人の使命」『女性同盟』一九二〇年一〇月)。そして続けて「女性としての婦人を無視していた」という。この点から、平塚は「婦人の天職」は「母である」こととし、恋愛、結婚、生殖、育児、教育を通じての「人類の改造(社会の根本的改造)」「愛の解放」「母たる権利の要求」を主張するようになった。

また、階級的な立場を強調する女性運動も開始される。山川菊栄《きくえ》、堺真柄《まがら》、九津見房子《くつみふさこ》、伊藤野枝《のえ》らは、女性を「窮乏と無智と隷属とに沈淪《ちんりん》せしめたる一切の圧制に対して、断乎として宣戦を布告する」と、一九二一年四月に社会主義の団体である赤瀾会《せきらんかい》を結成した。同年五月のメーデーで赤瀾会を紹介するために配布された「婦人に檄す」(山川が執筆)は、「家庭奴隷」「賃銀奴隷」以外の生活を許さない「資本主義社会」を批判する。

赤瀾会は、新婦人協会への対抗意識を隠していない。平塚が「女性」としての「社会改造」をいうとき、山川は「階級」を優先する変革を主張し、ともに女性による改革を論じていながら、双方の力点の置き所は異なっている。

全国水平社の結成

「改造」の気運のなかで、差別に直面する人びともまた、当事者として声をあげ、組織をつくり行動し始めた。被差別部落の解放を目指した全国水平社の結成は、その代表的な動きである。一九二二年三月三日、京都の岡崎公会堂で開かれた全国水平社創立大会で「宣言」「綱領」「決議」が発せられた。参加者の数は記録により異なるが、七〇〇人ほどと推定されている（朝治武『水平社の原像』）。

被差別部落に対しては、日露戦争後の地方改良運動のなかで、風俗と経済の改善により差別を解消しようとする政策がみられたが、この動きを批判する大和同志会の結成など、被差別部落民自身による組織と行動があった。同時に、帝国公道会（一九一四年）などによる融和団体の全国組織がつくられていたが、「融和」では差別問題は解決しないとの批判が出され、こうした動向の延長上に、全国水平社が誕生したのである。

「全国水平社創立宣言」は「全国に散在する吾が特殊部落民よ団結せよ」と書き出される。西光万吉《さいこうまんきち》と平野小剣《しょうけん》が起草したものに、阪本清一郎《せいいちろう》らが加わって作成され、創立大会で綱領とともに朗読された。「宣言」は、「吾々は、かならず卑屈なる言葉と怯懦《きょうだ》なる行為によって、祖先を辱しめ、人間を冒瀆《ぼうとく》してはならぬ」「心から人生の熱と光を願求礼讃するものである」と述べ、「人間」という言葉が一〇回くりかえされる（引用は、ビラによる）。機関誌の発刊に先立って出されたリーフレット『人間にかへれ』（一九二二年四月）には、一九二〇年前後からの「人間」を根拠とする改造の気運が共有されている。

全国水平社の「綱領」は、「特殊部落民は部落民自身の行動によって絶対の解放を期す」「吾々特殊部落民は絶対に経済の自由と職業の自由を社会に要求し以て獲得を期す」「吾等は人間性の原理に覚醒し人類最高の完成に向って突進す」と述べる。「特殊部落」という語は、一九〇五年ころから府県の行政担当者が用いた差別用語であるが、その言葉をあえて用い、当事者による解放運動が宣言され、差別されてきた主体を解放する主体へと転換した。そして、機関誌『水平』(一九二二年七月)に掲載された「内務省の進歩的改善策を評す」で、「単なる物質的改善」ではなく、「精神的改善」のための政策を要求すると述べた。

こののち、府県や地域で水平社が設立され、その数は二四〇に及ぶという。地域のなかでは、この批判的な主体意識の提示は大きな意味を持ち、水平社の設立は、村落内部で支配層との対立を生み出す一方、被差別部落の人びとに差別と対決する行動をとらせることとなった。また、朝鮮における差別撤廃運動である衡平運動と連帯もしていた。

全国水平社は、二〇年の歴史と一六回の大会をもつが、一九二四年三月の第三回全国大会ころから、運動の方向や組織のありようをめぐり、考え方や路線の相違があらわれ、「宣言」「綱領」も修正される。全国水平社青年同盟は、社会主義的な階級闘争を主張し、階級の立場をとろうとする。むろん、差別撤廃を根底に置き、差別的な因習や賤視に対し「糾弾」し「謝罪」を求める活動は継続しており、差別への批判は一貫してなされている。

アイヌ・沖縄への視線

アイヌ民族も、差別のまなざしにさらされていた。『東京朝日新聞』(一九一四年九〜一〇月)に、北海道のアイヌ民族を訪ねた記事が連載されたとき、その生活は

「不潔」「原始的」とされ、「見苛《みじ》めな暮し」と決め付けられた。ややのちになるが、アイヌ民族も、当事者の立場から解放を希求する作品として、違星北斗《いぼしほくと》『コタン』（一九三〇年）、バチェラー八重子《やえこ》『若きウタリに』（一九三一年）などを生み出した。

沖縄の人びとにも、同様に、差別の視線がむけられていた。こうしたなかで、広津和郎《ひろつかずお》の小説をめぐって「沖縄青年同盟」となされたやり取りは、差別批判の進展を示すものだった。

広津の小説「さまよへる琉球人」（『中央公論』一九二六年三月）が発表されたとき、沖縄青年同盟は、「県民大衆の誤解を受くる虞《おそ》れある点」を持つと抗議をした。作品中の箇所を具体的に挙げ、広津の描写では、沖縄県民が「道徳観念が違う人間だ、不信義漢だ、破廉恥も平気でやる、信用のおけないものだ、との印象を残さないでしょうか」と述べた。沖縄県出身の人物をモデルにしたとき、その造型と描写が、主人公を欺いて恥じない人物とされているとし、そのことに対しての抗議であった。また、タイトルへの疑問も出している。

これに対し、広津は、『中央公論』（一九二六年五月）に「沖縄青年同盟よりの抗議書」と題する応答を掲げ、「取返しのつかない事をしたという苛立ちと苦痛」を表明した。そして、「中途半端な、認識不足の厚意」が、ややもすると「有難迷惑にしかならない」と知らされたことを率直に記し、謝罪をした。同時に、広津は作品の抹殺を宣言した。

沖縄青年同盟のいうように、広津が「内地でも普通ザラにあるような一、二の人間の所業」

を「さまよへる琉球人」とし、沖縄県民にまで拡大したこと、差別的な文脈で用いられていた「琉球人」という語を広津が使用したことに問題があった。広津は、この抗議を正面から受け止め、「所謂「内地」に於ける沖縄県人の差別的待遇は、日本国民の恥」と、沖縄の人びとへの差別を他人事とせず、自らそのさなかにいることを明示した。

また、のちに久志富佐子《くしふさこ》「滅びゆく琉球女の手記」(『婦人公論』一九三二年六月)に対して、「沖縄県学生会」などからの抗議があり、久志が、翌七月号の『婦人公論』に「『滅びゆく琉球女の手記』についての釈明文」を掲げる出来事もみられた。

植民地からの声

日本が帝国であることを考えるときには、植民地の動向がたえず考えられなければならない。差別の視線に対して、植民地からも声があげられた。桃源生「林芙美子《ふみこ》の「台湾風景」を駁《ばく》す」(『台湾民報』第三〇三号、一九三〇年三月)は、そうしたひとつで、林の作品(「台湾風景」『改造』一九二八年三月)への厳しい批判である。高校生という桃源生は、「あなたは片方の眼ひ(ママ)しか台湾を見て居なかった。それもホンの台湾の表皮だけを……(ママ)」といい、林の記述では、台湾は「盗人市無頼漢街の寄集ったもの」と映るとする。たしかに林は「土人」と記しており、「土着民」の意味であろうが「台湾の人はそう解釈致しません」。「台湾在来の漢民族」に対しては「本島人」という語があり、「遠慮なく御使用下さい」と不快感を示した。このように差別を問題化する運動の広がりと深まりを示す言辞がみられた。

第4章　植民地の光景

(上)三・一運動でソウルの鍾路をデモ行進する女子学生たち．(下)五・四運動で北京・天安門前に集まった学生たち．

1　植民地へのまなざし

浸透する帝国意識

一九一四(大正三)年夏に、中国(上海、南京、「満州」)と朝鮮に修学旅行に出かけた広島高等師範学校の生徒は、上海での初日を次のように記している(広島高等師範学校編『大陸修学旅行記』一九一五年)。「ほのぼのとあけ行く朝、ホテルの三階の窓によって市街を眺めると無数の支那人(ママ)が往来している、四分の三までは裸体で、股引様のものを腰につけているばかりである」。そして、中国人は「汚ない茶粥《ちゃがゆ》」を食べると続け、彼らの衣服や振舞い、道路など街の設備を「日本」(「内地」)と比較し、中国人の「独立自主」の欠如を指摘する。また、若者たちは、日露戦争の戦地であった「旅順の戦跡」に行き、自分たちの「今日聖代《せいだい》の恩沢」は、これらの「戦士」たちの「尊き犠牲」によっていると感慨を持つ。さらに日清戦争の戦地にも赴き、この地が「我帝国」が世界の舞台に出る「最初のカーテン」を開いたところであり、「万感の催し来るものがある」と記す(同)。大国日本の栄華に酔いしれ、日清・日露戦争の記憶に浸り、そのことを中国で確認している。

さらに、朝鮮の平壌《ピョンヤン》に行った生徒たちは、教育がさかんであると観察する。だが、キリスト教徒が多く、「新附の民」の「愛国心」を毒するのではないかと、植民地の人びとを心配する。

帝国の活動は、宗主国と植民地とのあいだの人びとの移動を活性化したが、文化や習慣の相違が序列をもつものとして把握され、大国意識を無自覚に露呈することがしばしばであった。二〇世紀の日本の人びとは、こうした帝国意識が瀰漫《びまん》している。一九〇八年に創刊された雑誌『殖民世界』は、発刊の趣旨に、「満州の地」「韓国の土」「南米の沃野」、また「新領土たる樺太、台湾」は、「皆我邦人の来って移住」することを待ちつつあると述べていた。

俳人の高浜虚子《きょし》は、一九一一年六月に、釜山《プサン》をへて、大邱《テグ》にいる叔父の一家を訪ねたが、朝鮮人たちを「衰亡の国民」として「憫《あわれ》む」一方、「さすがに日本人は偉い」と大国意識を隠していない。同時に、虚子の目には、叔父一家は失敗者として映り、植民地に渡った人びとに対する貶視《へんし》がみられた（『朝鮮』一九一一年）。虚子の友人の夏目漱石も、小説『明暗』のなかで、植民地帰りの人物を、読者の共感を得にくい人物として設定している。

植民地都市の光景

植民地・朝鮮の都市においては、朝鮮人と日本人の居住地区が区分されることが多い。すでに古くから朝鮮王都としての歴史を有し、城郭都市を建設していたソウルの場合、清渓川《チョンゲチョン》を境に朝鮮人が住む「北村」と日本人が住む「南村」とに分化し、一九一四年には町名を、朝鮮式の「洞」と日本式の「町」に分けた。繁華街も、北の鍾路《チョンノ》には朝鮮人が行きかい、南の本町、黄金町、明治町などには日本人の姿が数多く見えた。さらに、植民地政策の展開で、土地を失いソウルに出てきた朝鮮人農民は、旧市街地の周辺に居住する

図 **4-1**　韓国併合当時のソウル鍾路(『韓国写真帖』).

ようになり、一九三〇年代には土地を無断占拠し、筵《むしろ》やトタンで仮家屋を建てて居住する「土幕民」が急増した。

また一八八〇年代から、居留地に日本人の「娼婦」がわたり朝鮮にも遊郭が形成されるようになるが、一九一六年三月に貸座敷娼妓取締規則が公布され、日本と同様の公娼制度がしかれた。遊郭も、日本人経営と朝鮮人経営とに分かれ、地帯分布があったという。さらに、ソウルには、朝鮮神社が一九一九年の三・一運動後に、南山に設けられた。天照大神と明治天皇を祭神とし、一九二五年には朝鮮神宮に昇格している。軍隊の駐屯とあわせ、神社と遊郭の設置が、日本の植民地都市には欠かせない光景となっている(橋谷弘『帝国日本と植民地都市』)。

衛生と文明

京城協賛会発行とされる、石原留吉『京城案内』(一九一五年)は、在朝日本人の感覚を体現した案内記である。併合以後は、漢城《ハンソン》を京城と改めさせたが、ソウルの人口は二四万一〇八五人、そのうち日本人は六万二九一四人であった。

石原は、景福宮、徳寿宮など李王朝時代の宮殿や、パゴタ公園、南大門などの「名勝旧跡」を記すとともに、併合後の発展途上の様相をこう述べる。「当局の遠大なる計画の下に着々斎整改良を企てられ、今や工略成《ほぼ》りて面目正《まさ》に一変せり」。そして、放射線状の街区に幹線道路が設けられ、電車・車馬・歩道の区画がなされ、主要道路の交差点には、防火的広場が設置されたことを誇る。「欧米の都市に髣髴《ほうふつ》たるの観あり」と繰り返すように、「欧米」が基準とされ、併合後の発展が強調される。日本が文明を持ち込み、それ以前の朝鮮は、工業など「中世時代の組織」すら成立していないとも記す。

医療衛生についても、たっぷりと語られる。いわく、朝鮮では衛生上の「迷信」がはびこり、医師の大半は漢方医で、飲料水も悪いうえに、清潔の観念がない。街は「悪臭紛々」で、「不潔」極まりなく、天然痘や腸チフス、コレラなどの伝染病が流行している。それが、併合以来、衛生機関は充備し、上下水道のほか、総督府病院、伝染病院（順化院）などができ、屎尿《しにょう》の汲み取り、公衆便所の設置、道路や溝渠《こうきょ》の清掃、各戸の塵埃《じんあい》除去などが実現したとする。

石原によれば、朝鮮人は、日本の統治のゆえに文明的な態度を身につけつつあり、社会秩序も保障せられていることとなる。保護者意識が前面に押し出されている。

「文明」の高みから

『東京朝日新聞』に六回にわたって連載された「始政五年の朝鮮」は、ソウル在住と思われる人物（一宮蒼鷹）が、釜山から大田《テジョン》、大邱などの都市を訪れ、「日本人」（「内地人」）の活動、とくに産業の様子を報告するが、同様に、日本の文明の高みから朝鮮の「遅れ」を論じ、宗主国意識がむき出しである。

たとえば、釜山の街は、「埋立地の一部を除けば市街にも落着きがあって、家も善し道も広いし、其上《そのうえ》濃厚な日本的色彩は全く日本の小さい市《まち》である。併《しか》し商業機関の整備、海陸交通の完全は到底日本の中以下の市見る《(ママ)》ことが出来ぬ」(一九一五年九月五日)と記される。釜山は、一八七六年に日本の居留地が設定されてから都市建設が始まるが、このときには朝鮮第二位の人口を有して六万八〇四人が居住し、そのうち日本人は二万九八九〇人で、日本人の比率が高かった(『朝鮮総督府統計年報』一九一五年度版)。一宮は、それを知ってか、釜山の街が日本に似ており、「内地人」を引き付ける魅力を持つことを力説するが、朝鮮人に対しては冷淡である。朝鮮人の家屋は、「四、五坪の藁小屋」で、粗末な家屋に多数の者がゴロゴロしており、朝鮮人は「貧弱」で「富の程度」は低いとする。

女性に対しては、さらに直截的な言い方となる。「朝鮮の女」(『日の出新聞』一九一五年八月三〇日)には、ソウル在住の日本人の弁護士の談が引用され、「朝鮮婦人」は、男性に「屈従」し、「奴隷制度」にまで突き落とされているという。一日も早く自覚し、「家族的羈絆《きはん》」から放たれ、「社会的桎梏《しっこく》」を突破する「大勇気」を持たなければならないとする。朝鮮女性の苦境を語る、この日本人にかかっては、日本女性が抱える同様の問題は、存在していないかのようである。男性／女性の関係に、日本／朝鮮を重ね、日本人女性と朝鮮人女性の序列を作り出しているが、日本女性たちの「大勇気」には言及していない。

だが、まったく異なった意識を持つ者もいた。金子文子《ふみこ》は、併合の翌々年一九一二年秋から七年間、九歳から一六歳までのあいだ、京釜沿線の芙江という小村に暮らしていた。金子は、その地で五、六カ所の山林をもち、朝鮮人を相手に「高利貸し」をする叔母夫婦の養女となるが、毎日、祖母に叱られて虐待を受け、自殺まで試みるような生活環境であった。そのなかで、金子は、祖母の周囲だけでも相当にあった「圧迫され、いじめられ、搾取されていた哀れな鮮人《(ママ)》」に「同情の念」を寄せたことを記している(『何が私をかうさせたか』一九三一年)。金子は、のちに朝鮮人・朴烈《パクヨル》と結婚し、社会運動に携わる。

共鳴する日本人

また、一九一四年五月に、二三歳で兄(伯教《のりたか》)がいるソウルに渡った浅川巧《たくみ》も同様に、朝鮮人に共感を寄せたひとりである。浅川は朝鮮総督府の林業試験場に勤務し、山の緑化のために樹木の研究をしていた。のちに朝鮮の工芸品に関心を持つようになるが、一九二二年二月一日の日記に、「陰暦の今年になってから、もう今朝で五日、毎日朝飯は点釗の家で食べた。僕の腹と眼とはすっかり朝鮮食に順応してしまった。(中略)晩飯に点釗の家で、僕の主催ですきやきをした。(中略)老婆と点釗と女の子供等とで一緒に賑かに食べて、後は花合せをして遊んだ」と記している。朝鮮人たちとの交流を記す浅川は、朝鮮総督府の政策には批判的で、朝鮮神社は「日鮮両民族の融和」を計る「根本の力」をもたないのみか、これから「問題の的」になるであろうと書く(一九二二年六月四日)。

朝鮮人からの批判

植民地支配を行う、傲岸《ごうがん》で高慢な「日本人」への批判は、不服従や直接行動となって現れるが、言論として展開された例も見られる。たとえば、ソウル在住の朝鮮人・南宮璧《ナムグンビョク》が日本語で記した「鮮人《(ママ)》の草したる寄稿」(『朝鮮新聞』一九一三年六月一四・一五日)は、「ヨボ」という語が「軽侮嘲笑侮辱」の意味を含むとして、日本人が朝鮮人を「ヨボ」と呼ぶことに対し批判を行う。南宮はさらに、「一視同仁」の大権のもとで、日本人と朝鮮人が「同一臣民」なることを持ち出し、日本人の蔑視に止めをさす。南宮は三・一運動の後にも、「朝鮮統治政策に就いて」(『太陽』一九一九年八月)を公表し、「朝鮮人は朝鮮人である」と同化政策への批判をきっぱりと展開する。

台湾の抵抗運動

台湾においては、一九一二年から翌年にかけ、農民たちによる武力抵抗運動が続発していた。一九一三年一〇月に、伝統的な思想と自由平等の理念をもつ羅福星《らふくせい》が、税の苛酷さや警官の横暴などを挙げ、台湾総督府の施政を批判し、武装蜂起を計画したが、事前に発覚した(苗栗《びょうりつ》事件)。また、一九一五年夏の台南で余清芳《よせいほう》らの「抗日蜂起」が起こる。しかし、蜂起は失敗し八六六人という多くの死刑囚を出した(西来庵《せいらいあん》事件)。

武者小路実篤は「八百人の死刑」という一文で西来庵事件に言及し、「数百人の人間を死刑に処して平気でいられる人間の顔が見たい」と台湾総督府を批判した。そして、当局者は彼らを「人間」と思っておらず「恐ろしい気がする」と書き付ける(『白樺』一九一五年一一月)。

「満州」の日本人

「満州」はどうであったか。満州は、鉄道を使えばパリまで二週間。海路に比し約六分の一の日数で、費用も三分の一程度であり、ヨーロッパ文明の取り入れ口であった。また、ソ連と国境を接し、コミュニズムとの対峙の場所でもある。

『満州日日新聞』のアンケート（一九二四年二月一九・二一日）によれば、満州に住む「日本人」の子どもたちは、中国人を、不潔・不衛生で、盗癖があり、礼儀正しくなく、正直でない、欲が深いと見ているという。これと対応するように、中国人の子どもは、日本人の欠点として、傲岸、短気、奢侈《しゃし》、酒乱、女性の服装の華美などを挙げる（塚瀬進『満洲の日本人』）。

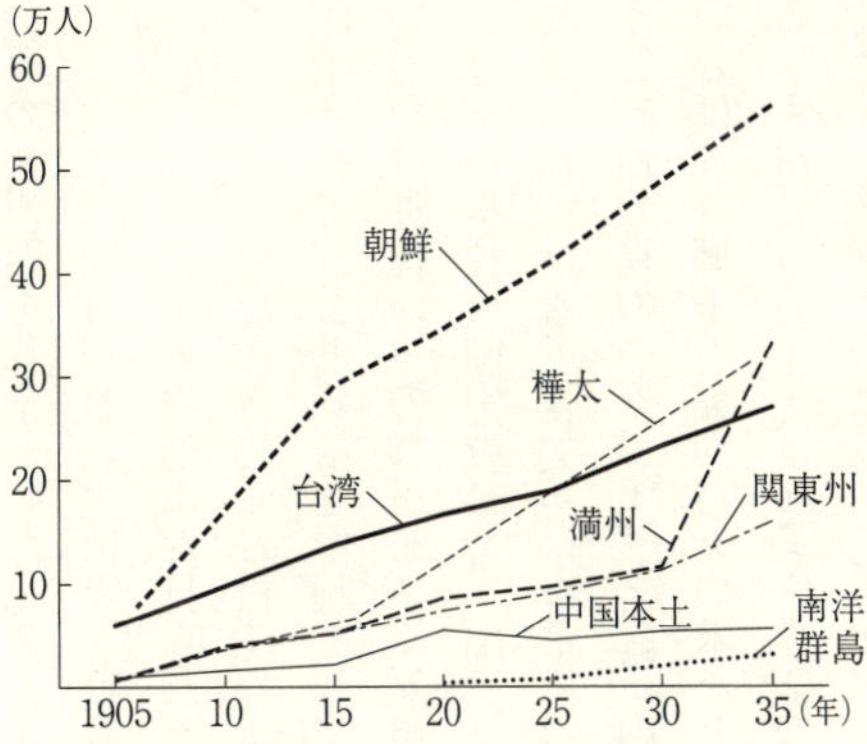

（岡部牧夫『海を渡った日本人』16頁より作成）

図 **4-2**　植民地・中国各地の日本人数の推移（1905～1935年）.

満州では、一九一〇年代の商品輸出や鉄道・鉱山事業から、朝鮮銀行（および、横浜正金銀行）による投資活動へと重点を移し、一九二〇年代後半には、満鉄コンツェルン（撫順《ぶじゅん》炭鉱、鞍山《あんざん》製鉄所、海運など）により、奉天軍閥（張作霖《ちょうさくりん》）を利用した間接的な支配がなされる。そのため、満鉄には、従来の長州閥を背景とした総裁に代わり、政党の意向を汲んだ総裁が送り込まれるようになる。

南洋への進出

他方、第一次世界大戦後のヴェルサイユ会議で委任統治が認められた「南洋」にも、日本人の進出が見られた。一九二二年に南洋庁が設置されたが、前年に設立されていた南洋興発と松江春次《はるじ》の存在を欠かすことはできない。南洋興発は、半官半民の国策会社で、甘蔗《かんしょ》栽培を中軸とし、サイパンをはじめ、テニアン、パラオへと事業を拡大していった。沖縄からの移民を多く雇用し、現地のカナカ人やチャモロ人を使役した。

尋常小学校の国定教科書「国語読本」第三期（一九一八～三二年）には、「トラック島便り」が載せられている。叔父から少年に宛てた手紙の形式を持つが、「冬でも春でもこちらではちやうど内地の夏のやうです。（中略）内地から来て先づ目につくのは植物で、其の中でも殊に珍しいのはコヽ椰子《やし》の実やパンの木などです」と、エキゾチシズムに満ちた南洋が描き出されている。末尾には「土人はまだよく開けてゐません」が、「性質」はおとなしく、子どもたちは「なか〳〵上手に日本語」を話し、少女が「君が代」を歌っていたと記す。

海外移民

移民にも触れておこう。そもそも日本からの海外移民は、渡航が自由となったあとのハワイへの「官約移民」から、一八八〇年代には北アメリカ、ハワイを中心に拡大した。しかし、一九〇七年にカリフォルニアで日本人への移民排斥運動があり、摩擦が生じた。このため、メキシコ、ペルーなど中南米への移民がひろがる。

さらに、一九二四年七月に、アメリカで新移民法(排日移民法)が実施され、日本とアメリカの対立が、国民感情にまで入り込む。六月五日の『東京朝日新聞』などの新聞は、「排日移民法反対」を宣言している。一九二四年のアメリカへの移民の禁止は、キューバ、アルゼンチン、ブラジルへの移民を増加させるが、同時に、朝鮮や満州への移住者を生み出すこととなった。また、樺太、南洋群島、さらに東南アジアへの進出も始まった。「民衆」の作り出す帝国の世界地図は、移動とともに拡大していく(図4-2)。

2　三・一運動と五・四運動

ヴェルサイユ会議

第一次世界大戦とその後の世界は、東アジアにも大きな影響を及ぼした。第一次世界大戦の講和会議は、一九一九年一月から六月まで、パリ郊外のヴェルサイユで開かれ、日本の全権として西園寺公望と牧野伸顕《のぶあき》が出席した。近年のヴェルサイユ会議の研究では、日本が人種的差別待遇への撤廃を要求したことへの言及が多くみられるが、この撤廃法案はアメリカでの日本人移民排斥への牽制の側面が大きい。日本の発言は、このほかに、ドイツ領南洋諸島割譲と中国山東省のドイツ利権に関してである。前者については、日本の委任統治が承認され、後者は、中国の反対にもかかわらず、各国の妥協を引き出した。

会議の趨勢は、イギリスやフランスによるドイツへの制裁が勝ったが、アメリカ大統領ウイルソンは、秘密外交の排撃、軍備縮小、植民地要求の調整、国際連盟の結成など、一四カ条にわたりあらたな世界秩序の理念を語った。このとき、ウイルソンは、あわせて民族自決を主張した。その刺激を受け、朝鮮で三・一運動、中国で五・四運動という民族運動が起こる。

万歳と宣言書

三・一運動のひとつの契機は、一九一九年一月二一日に急死した朝鮮の前国王・高《コ》宗《ジョン》の死に、日本がかかわっているとのうわさであった。おりしも、日本政府は、高宗の世継ぎと日本の皇族との結婚を画策し、高宗は不本意を示していた。

それぞれ別個に動いていた各勢力は、すぐに互いに連絡をとり、宣言書の発表を計画した。「大衆化」「一元化」「非暴力」の三原則を確認し、高宗の国葬日（三月三日）にむけ準備を進めるが、彼らのなかには、日清戦争後に展開された反日の民族運動である義兵運動の経験を持つものが多かった。キリスト教や天道教の指導者、学生たちを中心に、教師、地方官吏、自営業者、新聞記者などが加わっている。

予定が早まった三月一日、人びとはソウルの中心にあるパゴタ公園に集まり、「宣言書」を朗読し独立をいい、万歳を唱えた。朝鮮総督府編『朝鮮の独立思想及運動』は、職工、商人、店員、車夫、農夫ら「あらゆる階級」が、老若男女を問わずパゴタ公園に集まったと記している。万歳は、日本では、大日本帝国憲法発布のときに始まるとされるが、「国民的」「民族的」

な団結を意思表示する象徴的な動作であり、共感の表現ともなるのであろう。このため、三・一運動は万歳事件とも呼ばれた。宣言書のほか多数の新聞や檄文が配布され、宣言書は家々にも配られたという。

人びとは、光復歌を歌い万歳を叫びながら、ソウルの街を行進した。日本の官憲は、宣言書に署名をした代表者をはじめ、一五〇人以上を逮捕している。行動は、平壌、宣川《ソンチョン》、元山《ウォンサン》などでも同時に始まっており、運動が入念に計画されたことをうかがわせる。

三・一運動の「宣言書」は、朝鮮各地で独自に数多く出されている。なかでも著名なのは、三月一日に三三人の指導者により出された宣言書であり、「我等は、茲《ここ》に我朝鮮国の独立たること、及朝鮮人の自由人たることを宣言す」と「民族的独立」を宣言した。また、東京にいた留学生たち(全朝鮮青年独立団)は、「二千万朝鮮民族を代表」して、「正義と自由との勝利」を得た「世界万国」の前に「独立」を期成することを「宣言」し、こちらは「二・八宣言文」とよばれている。二月八日の留学生大会で、彼らは「大韓独立万歳」を叫んだという。

朝鮮全土へ

朝鮮全土に広がった動きは、三月二日以降は次第に激化する。人びとは指導者の逮捕に抗議し、憲兵分遣所や警察官駐在所に押しかけ、警官・憲兵と衝突した。また、商店を閉める「撤市」も平壌をはじめ、各市で行われた。

この運動を「騒擾」と呼ぶ朝鮮憲兵隊司令官は、総督府はあらゆる手段により「予防」をしたが、「漸次北韓及南鮮地方に蔓延」したといい(『現代史資料』第二五巻)、三月下旬から四月にかけて運動は高揚した。都市部のみならず、農村部でも運動がみられ、市場の所在地で運動が多くなされた。こうして三月から五月まで、示威回数は一五四八回、延べ参加人員は二〇五万人とされる運動が展開された(朴殷植『韓国独立運動之血史』)。なかには、棍棒や鎌、竹槍で「武装」した暴動となり、日本官署を襲撃したものもみられた。三・一運動は、民族主義にもとづき、植民地からの独立を宣言し、朝鮮全土に及ぶ広範な運動となる。

また、中国(間島地域、上海)やソ連(シベリア沿海地域)に在住する朝鮮人、あるいは日本にいる朝鮮人、とくに学生たちも同調している。ホノルル、ウラジオストクなどには、すでに臨時政府が樹立されていたが、一九一九年四月一〇日に上海に「大韓民国臨時政府」として仮政府がつくられた。この政府は、フランスにいた金奎植《キムギュシク》を、ヴェルサイユ会議に出席させようとした。参加はかなわなかったが、金は「臨時政府・韓国独立承認請願書」を会議に提出した。

運動の鎮圧

朝鮮軍司令官・宇都宮太郎は、三月一二日に各道への出動を指令し、四月三日までに一二〇カ所に軍隊を派遣した。四月四日に日本軍の増援が閣議で決定され、四月八日には広島の第五師団、姫路の第一〇師団が出発して釜山に上陸し、その他の師団も、順次、朝鮮に送られた。朝鮮憲兵隊司令部編『大正八年 朝鮮騒擾事件状況』は、運動が半年間続き、軍隊や警察は厳しく弾圧したことを記している。また、在郷軍人、消防組員ら、民間の日本人も運動の鎮圧に当たった(「警察の処理に関する証言」『現代史資料』第二六巻)。三・一運動のなかでの朝鮮人の死者は七五〇九人、負傷者一万五八四九人、逮捕者は四万六三〇六人に及ぶとされる。このなかで、逮捕された梨花学堂の女子学生・柳寛順《ユグワンスン》は、裁判を拒否し、拷問により獄死したが、のちに「朝鮮のジャンヌ・ダルク」と讃えられた。

独立運動への視線

日本内地の新聞は三月七日まで記事が規制されるが、解禁後も三・一運動を「暴動」「騒擾」とよび、「鮮人」という蔑視語を用い、「暴徒」「暴民」が守備隊と「衝突」し「襲撃」したと報じた。

また『東京日日新聞』(四月一〇日)は、三・一運動の原因を「総督府政治に対する不平」「外国人の煽動」などが交錯し複雑だとしながらも、誘発したのは「誤れる民族自決主義」という。同時に、新聞は武官統治を批判し、『萬朝報』(三月二七日)は、言論に「不必要な束縛」を加えたことを批判し、続けて、朝鮮人を「劣等民」とするような蔑視を咎めた。

日本において、三・一運動に共感を寄せる人びとも、少数ながらいた。そのひとり吉野作造は、朝鮮人は日本の支配を喜んでおらず、この点に「同情と理解」がある以上、少なくとも「道徳的」には、彼らの立場は不当なものでないとした(「朝鮮の暴動について」『中央公論』一九二〇年一一月)。金雨《キムウ》英《ヨン》らの在日朝鮮人留学生と交流のなかで、吉野は、かつての善政主義の立場から転換していた。

武断統治から文化統治へ

ときの原敬内閣は、一九一九年八月二〇日に朝鮮総督府の官制改革を行い、文官総督任用の道を開いた。また、憲兵警察制度を廃止し、帯剣もやめさせた（もっとも、警察署や警察官の数は増やされ、警察費も大幅に増額された）。さらに、翌年には、統治方針を「文化の発達と民力の充実」に「変更」し、「文化統治」を推し進める。『東亜日報』『朝鮮日報』『時事新聞』などの朝鮮語新聞が創刊されることにもなった。だが、あらたな朝鮮総督の斎藤実《まこと》が海軍予備役大将であったように、朝鮮では、以降も文官が就任したことはない（樺太と台湾では、文官の長官、総督が就任している）。

「武官総督制」の廃止意見を出していた新聞では批判が相次ぎ、『東京朝日新聞』（八月七日）は社説で、斎藤の就任は軍部への「妥協」であり、「長派に代るに薩派」「陸軍に代るに海軍」をあてたにすぎないとした。斎藤は、着任時に（一九一九年九月二日）、ソウルの南大門駅頭で、独立運動家の姜宇《カンウ》奎《ギュ》に爆弾を投げつけられており、朝鮮人の不満と批判は継続していた。

斎藤は、地域の官署に朝鮮人の「官吏登用」を行い（一九二〇年七月）、朝鮮人の地主や資本家ら富裕層を取り込み、親日層を形成しようとする。また、朝鮮人と日本人との結婚の奨励も行う。

さらに、一九二〇年一一月に朝鮮教育令を改正して、普通学校の修学年限を四年から六年に延長するとともに、朝鮮語を随意科目とし（日本語は「国語」とされていた）、教科目に「日本地理」や「日本歴史」を加えた。「内地準拠主義」を標榜し、朝鮮人教育と日本人教育の区別を廃し、同化政策を推進する。第二次朝鮮教育令(一九二二年)では、こうした公立学校の普及を図った。台湾では、一九一九年一〇月に、はじめての文官総督の田《でん》健治郎が同化主義による植民地統治を行う。同年に出された台湾教育令で、台湾に専門学校を置くこととなった。一九二四年には京城帝国大学、一九二八年には台北帝国大学が開学した。

日本へ渡る朝鮮人

一九二〇年代の朝鮮に進行したのは、産米増殖計画である。内地の食糧不足を解消するために、朝鮮を日本の食料庫と位置づけ、米の増産計画が実施される。品種改良などの技術的対応ではなく、灌漑施設の設置と耕地整理による増産計画であり、朝鮮農民たちは反発を強めた。産米増殖計画は、大地主を利するものとなったうえ、年間三〇〇〜七〇〇万石の米穀が朝鮮から日本に移出された。朝鮮農民は「外米」と「満州粟」を輸入して食し、朝鮮人の米の消費量は減少している。一九二〇年以降、五〇町歩以上を所有する朝鮮人地主は減少し、一町歩未満の地主とともに、小作農民が増える。

この結果、土地を奪われ生活できない朝鮮人が、日本へ渡航する。釜山からの出航が多いが、一九二〇年代後半には、年間ほぼ一〇万人から十数万人を数えた。日本にいる家族や知人を頼って来るが、この時期には渡日の制限もなされている。中国人労働者の入国の禁止と合わせ、国内の失業者への対応であった。だが、制限が行われていなかった済州島民の渡日をふくめ、移住者は増加していく。一九二七年には、「内地」渡航者は一八万三〇〇〇人、帰還者が九万三〇〇〇人であり、九万人が日本に在住する計算となる。

日本に来た朝鮮人は、都市の周縁部に集団で住むことが多く、職工、日雇い人足、工夫など、不熟練労働者として肉体労働に従事していた。在日の朝鮮人には、警察や地域の社会課が調査と監視を行っているが、それによれば、彼らの大部分は農民で、「労働のため」「生活難」の渡日を理由としている。朝鮮人に対しては、職業的な差別と植民地人であることへの蔑視、さらに文化や習慣の相違による貶視があった。

五・四運動

三・一運動を全面的に支持していた中国でも、大きな抗日運動が起こる。山東省旧ドイツ権益の日本への継承が承認されたことに反対した、一九一九年の五・四運動である。五月四日に北京大学の学生たちが天安門広場で集会を行い、山東省の旧ドイツ権益の返還を求めた。また、親日派の政府要人(曹汝霖《そうじょりん》、章宗祥《しょうそうしょう》、陸宗輿《りくそうよ》ら)を批判し、二一カ条要求の取り消しも掲げた。これらは、日本のアジア政策への転換の要求である。学生たちは、集会の後、曹汝霖の屋敷に押し寄せ、焼き払い、さらに各国の公使館に向かおうとしたが、これは警察と軍隊に阻止された。また、上海では日本製品のボイコット運動が始まり、商店の閉鎖、学生や労働者のストが中国各地に広がった。

五・四運動に関しても、日本の新聞は「北京排日暴動」と伝え(『東京朝日新聞』一九一九年五月六日）、論壇の論調も共感を示すものは少ない。だが、吉野作造は、民族自決の尊重の立場から五・四運動に共感を寄せ、「自発的」で「確信的精神」をもつと述べる（「北京学生団の行動を漫罵《まんば》する勿《なか》れ」『中央公論』一九一九年六月）。ここでも、吉野は、かつて二一カ条要求に賛意を示した立場から転換をしている。

吉野作造と東アジア

三・一運動と五・四運動への対応は、植民地支配に対するひとつの試金石といえよう。吉野作造は、運動の翌年に、かつて中国で教えたことのある李大釗《りたいしょう》とともに「知識人交流計画」を始め、北京大学関係者を日本に招こうとする。連絡役として、新人会の人びとを中国に送り込み、すでに卒業し満鉄に勤める黒田礼二（岡上守道《おかのえもりみち》）が北京を訪れたのをはじめ、佐野学は「満州」、宮崎龍介は上海に赴いた。一九二〇年五月には、北京大学の学生五人が日本に来て、黎明会や新人会の人びとと交流し、歓迎を受けた。吉野の五・四運動への所論は、李大釗により中国の新聞に掲載され、多くの反響をみたという。さらに、交流の軸となった新人会は、朝鮮問題を介在して急進化するように思われる。新人会は、植民地問題としての朝鮮に関心を寄せ、朝鮮問題に発言した機関誌は、すべて発売禁止になっている。

吉野はこののちも、朝鮮人が中国・間島地区の日本領事館を焼打ちしたことへの報復として、軍隊が出動して朝鮮人を弾圧したキリスト教徒虐殺事件（間島事件、一九二〇年一〇月）や、水原《スウォン》で朝鮮人を虐殺した事件（水原事件）に言及し、植民地でいかなる事態が進行しているかを報じている（「朝鮮問題に関し当局に望む」『中央公論』一九二一年二月）。『改造』（一九二〇年一二月）の特集が「朝鮮赤化対応策」であり、一九二六年六月一〇日の六・一〇万歳事件を大方の論者が無視していることを考え合わせれば、吉野の姿勢は軽々に扱えない。同時に、「同化政策」に対し、「日本人の云う通りのものになれ」という「要求」であると厳しく論難する吉野は、植民地での問題を黙視するのは「帝国の健全なる発展」に「障《さまた》げある」とともに、「大和民族の道徳的生命」の発達に「由々しき大事」であるともいう。総督府批判からその先への議論が困難であったことが示されていよう。

3　植民地統治論の射程

矢内原忠雄の朝鮮統治論

第一次世界大戦後には、「武断統治」から「文化統治」へと植民地政策が転換するだけではなく、植民地統治論も議論されるようになる。東京帝国大学で植民政策学を講じていた矢内原忠雄《やないはらただお》は、「朝鮮統治の方針」（『中央公論』一九二六年六月）を著わし、三・一運動を武断統治に対する朝鮮民衆の「不信任」とした。そして、その後の文化統治もまた朝鮮民衆を怖れるもので、朝鮮社会の「底流」には朝鮮民衆の「絶望的不安」がみられると述べ、日本の植民地統治の手法に疑問を投げかけた。

植民政策学は、日露戦争後にアカデミズムのなかに位置を占め、一九〇七年に東北帝国大学に植民学講座が設けられた。一九〇九年には東京帝国大学で新渡戸《にとべ》稲造《いなぞう》が植民政策講座を担当しており、矢内原はその後任であった。

矢内原は、植民地統治の一般的理論として、①専制的搾取、②同化政策、③自主政策を挙げ、①を時代錯誤として斥け、②と③の二つの方向を挙げる。そして、二つの路線が対抗的に存在するなか、矢内原は③の「自主」路線に立脚し、別個の「歴史的社会」をもつ朝鮮人と「協同」する方向を探るとする。具体案として、矢内原は「朝鮮人の参政」を提示し、帝国議会に朝鮮人代議士を送る方式と朝鮮議会方式とを挙げたうえで、後者の実現を唱える。

だが矢内原においても、朝鮮の独立は選択肢に入っていない。朝鮮人の「人格の自主独立」を尊重し、朝鮮の「自主的地位」を容認しての参政権付与であり、朝鮮と日本との「帝国的結合」を「鞏固《きょうこ》」とするための植民地統治論であった。加えて、矢内原にとり、回避すべきは植民地人の「反抗」であり、そのための自主路線である。とはいえ、朝鮮が独立国家としての実力を持つならば、それは「わが植民政策の成功」であり、「日本国民の名誉」とも述べる。仮定ではあれ「分離独立」をいう点に、矢内原のリベラルな性格が示されている。

矢内原の台湾統治論

矢内原は、台湾に関しても『帝国主義下の台湾』(一九二九年)を発表する。矢内原は、台湾の「資本主義化」に力点を置き、民族と階級の複雑なありように目を向け、台湾の「階級運動」は必然的に「民族運動性」を帯びることを指摘する。

同時に、台湾統治は、植民地経営の「成功せる稀有《けう》の模範」であるとしつつ、矢内原は、台湾には住民の参政権がなく、「総督専制の極端なる点」でも「世界中稀有の例」に属すると批判的に付け加える。そして、台湾統治の「成功」の結果それ自身が、統治政策の変革を不可避とする物的・人的条件(すなわち、抵抗運動)を生み出し、「帝国主義の発展はすなわち帝国主義的矛盾の発展」をなすと、この書を結ぶ。

矢内原の議論は、植民地の「内地化」、すなわち同化主義への批判であり、専制性と結合した日本の統治への批判となっている。しかし、中国から切り離され植民地統治がされる台湾と、一国が植民地化された朝鮮とは様相が異なるにもかかわらず、統治論では両者に差異はない。また、統治される側からいえば、あらかじめ独立の道はふさがれたうえで、「(日本)国民」としての権利か、「植民地」における自治かの選択を迫られることとなる。矢内原の議論もまた、改良のぎりぎりまで論を進めつつも、独立の一点を越えずにいる。

「同化」と「自主」の間

この点は、他の論者も同様である。京都帝国大学で植民政策学を講じる山本美《み》越《お》乃《の》は、「朝鮮統治の根本方針」は「自治主義」に置くべきと述べ、朝鮮総督府をはじめ、行政各部に「有識の鮮人《(ママ)》中より選出された民選議員」と「少数の官選議員」からなる「行政評議会」を設けるように提案する。そして、「徐々に代議制度」を認め、将来的には朝鮮を「自治領」とするようにいう(「朝鮮統治問題私見」『太陽』一九二〇年五月)。

また、台湾総督府の技師だが、同化政策に批判的な東郷実《とうごうみのる》「植民地教育制度論」(『太陽』一九二七年三月)は、教育制度に着目し、「民族的特性」と「固有の社会制度」を「根本的に破壊せざる」程度に方針を定めるようにいう。東郷は「二個の異民族」を「同一方針」の下に共学させることは不可能で、「完全な国民」を作り上げることはできないとする。

以上は、いずれも自主論の立場からの主張であったが、他方、同化論の立場からも臨界点までの議論が出された。政治家の植原悦二郎《うえはらえつじろう》は、大日本帝国を議会制により改革し、デモクラシー化した日本に、朝鮮を同化させようとする。『デモクラシイと日本の改造』では、朝鮮と台湾に大日本帝国憲法を施行し、同化により差別をなくすことも述べた。政策として行われている同化をより徹底する議論だが、これもまた総督府統治への批判となっている。

「同化」と「自主」の観点は、議論を徹底していくことにより、総督府統治への批判へと及ぶこととなる。総督府が同化政策を基調とする現状では、自主論は批判的な意向が強い。

議会設置運動

こうしたなかで、植民地における抵抗運動も様相を変えていく。台湾では、大規模な武力による抵抗運動は、一九一五年の西来庵事件以後は終息していたが、この時期にあらたな形態を持つ二つの抵抗運動が展開される。ひとつは、議会設置運動で、大正デモクラシーの影響を受けた抗日運動である。

帝国議会への台湾議会設置の請願は、民本主義者の一人である田川大吉郎を紹介議員とし、蔡培火《さいばいか》、林献堂《りんけんどう》らにより行われる。「日本人」としての「正当なる国民的自覚の発現」として、一九二一年に第一回請願がなされ、以後、一九三四年まで一五回の請願がなされた。また、朝鮮では、衆議院議員選挙法の施行の請願が、一九二〇年から一八会期にわたって行われた。

植民地の議会設置運動は、参政権付与か、議会設置かという選択肢をもつが、議論は単純ではない。参政権付与の要求は、「日本人(国民)」として参政権を求め、自分たちの代表を東京の帝国議会に送り込む要求で、同化論を根拠とすることとなる。逆に、議会設置は自主論に基づく。議会設置論は、朝鮮人や台湾人が「国政」に参加すれば帝国議会に混乱を招きかねず、それを回避するという論点も有している。

いずれにしても、議会設置運動は、植民地議会の要求である限り、日本への統合と日本からの離脱という両面を持ち、総督府への対抗でありつつ、帝国議会に包摂されることになる(若林正丈『台湾抗日運動史研究』)。しかし、日本からの植民者は、議会設置に対し強硬な反対を表明した。

白話文運動

いまひとつのあらたな抗日運動として、台湾で民族主義的な文化啓蒙活動を行う台湾文化協会の設立を挙げうる。一九二三年には、同文化協会の機関誌『台湾』が創刊され、「民衆」の話しことばに基礎を置く、あたらしい口語文を作り出し普及させようとする白話《はくわ》文《ぶん》運動が展開された。『台湾』の試みは、あたらしい書きことばによる「台湾国民」の形成の試みであり、台湾総督府の支配に対し、別種の「国民」意識をもって対抗しようとするもので、台湾民衆から発した近代化の希求である(松永正義)。

柳宗悦と朝鮮

こうしたなか、朝鮮人との連帯の試みもみられる。柳宗悦《やなぎむねよし》「朝鮮の友に贈る書」(『改造』一九二〇年六月)は、朝鮮人への語りかけであった。柳は、すでに「朝鮮人を想ふ」(『読売新聞』一九一九年五月二〇〜二四日)を記し、朝鮮(人)への想いを披瀝していた。この文章は、伏字部分を多く含むが、書簡形式で記されており、朝鮮人と日本人の「二つの心」が触れあうことを求め、「情」と「愛」、さらに「道徳」の点からの対話を試みる。柳は、「力の日本」を否定し、「情の日本」を押し出し、「人間としての日本人」をいう。「こころ」の世界を介して、日本人と朝鮮人の対話を試みる、いかにも『白樺』の同人である柳らしい文章だが、日本と朝鮮の関係に関して「私は今の状態を自然なものとは想わない」と言い切り、「不自然なもの」が「淘汰」されるのは「此世の固い理法」と断じた(この部分は、伏字。また、朝鮮語訳を掲載した『東亜日報』は、連載途中で中止)。

図 4-3　光化門と朝鮮総督府庁舎(後方の建物)．光化門の取り壊し案に対して，柳宗悦らが保存を主張した．朝鮮総督府庁舎は 1995 年に撤去が開始された．

柳の論は、宗主国と植民地との非対称性の力関係には想いが及んでいない。また、「朝鮮とその民族」への「情愛」は「芸術からの衝動」として展開され、朝鮮の美に「悲哀の美」を見出す。そのため、のちに「感傷的な言説」との批判が出されることにもなった(崔夏林「柳宗悦の韓国美術観」『展望』一九七六年七月)。しかし、柳は、朝鮮の美を「民族芸術」としたうえで、「芸術の美」はいつも「国境」を超え、「心と心とが逢う場所」とする。一九二四年四月には、柳はソウルの景福宮内に、白磁や木工品を展示する朝鮮民族美術館を設立した。

　柳の語りかけは、朝鮮を「内から理解」する行為の実践であり、「内なる朝鮮」に入り込む試みであった。柳は、日本軍部が光化門を撤去しようとしたときには「失われんとする一朝鮮建築の為に」(『改造』一九二二年九月)を書き、公然と立ち向かう。

　柳に、朝鮮の美を教えたのは、ソウルに在住する浅川伯教である。浅川は、朝鮮王朝時代の磁器に魅せられ、弟の浅川巧とともに朝鮮人の友であった。「民族」単位の思考法であるが、それぞれにきっぱりと総督府統治への批判を行っている。

反植民地小説

反植民地小説を描いた作家として、しばしば中西伊之助《いのすけ》の名前が挙げられる。中西は京都で生まれ、一九一〇年ころに朝鮮にわたり、『平壌日日新聞』の記者となり、さらに「満州」で満鉄社員となる。一九一四、五年ころ日本に戻り、『赭土《あかつち》に芽ぐむもの』(一九二二年)、「不逞鮮人《ふていせんじん》(ママ)」(一九二二年)などの小説を著わす。

「不逞鮮人」は、主人公が、三・一運動に参加して死んだ娘の父親を訪ねる短編だが、「憎悪と復讐に燃え」さかる眼を持つ父親が、自分を攻撃するのではないかという感情にさらされる様子が記される。そして、その不安や疑念を「すべては自分達民族の負うべき罪だ」との一行で結ぶ。死した娘の血に染まった衣服を見せられる場面では、大量の伏字と削除がある。

また、芥川龍之介は、『大阪毎日新聞』の海外視察員として、一九二一年三月から七月にかけ中国を訪れ、『支那游記』(一九二五年)を刊行し、このときの体験によって、小説「湖南の扇」をしたためている。それぞれに、東アジアの人びととの対話を試みるようになる。

歴史と伝説

こうしたなか、大日本帝国は植民地の歴史意識を再編成する意図をもち、一九二五年には朝鮮史編纂が開始される。李完用《イワニヨン》(朝鮮総督府中枢院)、朴泳孝《パクヨンヒョ》ら朝鮮人、今西龍ら日本人が加わったが、そのひとり稲葉岩吉は、「正しい朝鮮史」を作り「鮮人に理解(ママ)」を与え、「日鮮両族の理解の一助となしたい」と述べている(『大阪毎日新聞』一九二五年六月一〇日)。稲葉は、「韓国は悪政が続き常に東洋の禍乱の源泉となっていたので、東洋の平和、人民の福祉の増進のため併合された」という「併合の目的」を編集方針とすると述べる。

また、台湾総督府の編集した教科書(「修身」「国語」「漢文」)に、漢民族の民間信仰に由来する呉鳳《ごほう》伝説が掲載された。この伝説は、台湾の通事・呉鳳(漢民族)が、先住民が祭りのときに人(漢民族)の首を供える「悪習」をやめさせようとし、自らの身を犠牲にしたというもので、呉鳳の自己犠牲により、先住民は感化され「悪習」をやめたとする。台湾総督府が、廟や記念碑を建て呉鳳を顕彰することは、野蛮な先住民を文明化する漢民族を媒介として、文明をもたらす「日本」を印象づける行為となる(駒込武『植民地帝国日本の文化統合』)。植民地統治は、複雑な様相をもつようになっている。

4　ワシントン体制

戦後体制と国際協調

第一次世界大戦後、ヴェルサイユ条約の一部として、国際連盟規約が採択され、一九二〇年一月一〇日に国際連盟が発足する。日本は、イギリス、フランス、イタリアとともに常任理事国となった。国際連盟には、四二カ国が加盟したが、提唱したアメリカは不参加であり、革命があったソ連は一九三四年まで加盟しなかった。そのため原敬内閣と、高橋是清《これきよ》内閣(一九二一年一一月一三日に成立)の双方で外相をつとめた内田康哉《やすや》は、第四五議会で演説し(一九二二年一月二二日)、「国際協調」をいう。「実に現代世界の大勢は、各国共に排他的利己主義を去って、正義と平和の為に国際協調の達成を図り、協心戮力《りくりょく》以て人類の共存共栄の実を挙ぐるに、努めて居る」。むろんこれは、「帝国永遠の利益」に合致し、「帝国国運の隆昌」を期す方針であり、大日本帝国の立場からの認識と対応であった。内田外相が言及しているのは、おりから開催されていたワシントン会議である。

ワシントン会議

東アジアをめぐる国際関係もまた、第一次世界大戦後に変化を見せている。中国で民族運動が展開する一方、ドイツの敗戦とロシア革命により、東アジアにおける「大国」はイギリス、アメリカと日本となっていた。

同時に、第一次大戦後の大国間の協調体制であるヴェルサイユ体制が、東アジアの地域にも及んできた。原の暗殺からほぼ一週間後の一九二一年一一月一二日から、翌年二月にかけて開かれたワシントン会議は、アメリカ大統領ハーディングの主唱により、日本、イタリア、フランス、イギリス、中国、アメリカ、オランダ、ポルトガル、ベルギーの九カ国が参加をし、軍備制限問題、中国問題、太平洋問題などが討議された。会議の議題は、民族自決と海軍軍縮が柱をなし、日本からは全権として、海軍大将・加藤友三郎《ともさぶろう》(海相)、貴族院議長・徳川家達、駐米大使・幣原喜重郎《しではらきじゅうろう》(特命全権大臣)が参加した。

会議ではまず、日本、アメリカ、イギリス、フランスのもとで四カ国条約が結ばれ、太平洋の現状維持が確認された。太平洋方面の島嶼である属地、領地に関し、相互の権利を尊重することとした。当初、日英同盟へのアメリカの参入が探られたが、日英同盟を日本のアジア侵略を助長するものと認識するアメリカにより、日英同盟は廃棄された。

さらに、海軍力の拡大競争を抑制するために海軍軍縮条約が結ばれた。主力艦(戦艦、巡洋戦艦)に関して、アメリカ・イギリスを五の割合とし、日本三、イタリア・フランスを一・六七とした。この条約により、日本海軍の八・八艦隊は修正され、建造中のものを含め戦艦などが廃棄された。また、各国の建艦競争にも歯止めがかけられた。

オランダ、ポルトガル、ベルギーおよび中国が加わった九カ国条約は、中国の「主権」「独立」「領土の保全」の尊重をいい、日本の「満蒙特殊権益」の拡大を否定し、中国への門戸開放と機会均等を唱えた。また、アメリカ、イギリスの立会いのもとで、日本と中国の直接交渉が行われ、山東省の旧ドイツ利権の大半を中国に返還することとなり、さきの二一カ条要求の一部も破棄された。日本のシベリアからの撤兵も表明された。

会議の結果、日本・アメリカ・イギリスの勢力関係は一時的に均衡をもたらし、緊張は部分的に緩和される。この東アジア・太平洋地域の国際協調秩序は、ワシントン体制と呼ばれる。だが、日英同盟に加えて、アメリカとのあいだで中国への機会均等を取り決めた石井・ランシング協定（一九一七年一一月）も破棄され、日本はあらたな国際関係に入り込むこととなる。

軍縮論と軍部改革

日本国内でも、こうした第一次世界大戦後の潮流に対応する動きが見られた。日露戦争後の一九〇六年一〇月に山県有朋が立案し、ロシアと中国を仮想敵国とする帝国国防方針（一九〇七年四月に決議）も、一九一八年六月に第一次改訂、一九二三年二月には第二次改訂がなされ、アメリカ、ロシア（ソ連）、中国を仮想敵国とした。

他方で、軍備の制限がさまざまに唱えられ、『東洋経済新報』は「軍備制限並に太平洋及び極東問題に関する会議についての勧告」（一九二一年九月二四日）を掲げた。また、尾崎行雄、島田三郎、田川大吉郎、三浦銕太郎、石橋湛山、水野広徳《ひろのり》らにより軍備縮小同志会（一九二一年九月）が結成された。おりからの不況もあり、軍縮論は次第に多くの支持を得ていく。

第四五議会（一九二一～二二年）では、軍備縮小論と軍部改革論が議論された。陸軍の軍縮は、憲政会が兵士の在営年限の短縮を軸に議論し、与党の政友会も陸軍の整理縮小案を出すにいたる。議論のほとんどが、財政とみあう軍備を説く縮小論であるなか、尾崎行雄は、陸軍の二一個師団は過剰で「道理に合わない無法」をもたらすとし、この観点からの軍縮を主張した。また、憲政会や国民党は、陸海軍大臣が武官である限り軍縮は困難といい、軍部大臣の武官専任制廃止を主張し、軍部改革と軍縮論を結び付けて論じた。

高橋是清が閣内不統一で退陣したあとを受けた加藤友三郎内閣（一九二二年六月一二日に成

図 **4-4**　三八式歩兵銃の手入れを検査する兵士たち．日本軍隊の「近代化」はなかなか進行しなかった(『陸軍写真帖』)．

立)は、七月三日にワシントン条約による海軍軍備制限案を発表し、翌日に陸軍の軍縮計画案を提出した。この計画案は、一九二五年度にまでわたるもので、歩兵の在営日数の四〇日短縮、実質五個師団に相当する人員と馬匹《ばひつ》の縮小、仙台陸軍幼年学校などの施設の整理が示されたほか、青島や樺太への派遣軍の一部撤退も盛り込まれた。一九二三年度で二七六〇万円の節減であるが、整理縮小に対処するため、新式兵器の充備(年度割で二〇〇〇万円)を図り、機関銃隊や重砲隊、航空隊を増設した。

推進したのは、原内閣から加藤内閣までの陸軍大臣を務めた山梨半造《やまなしはんぞう》であり、山梨軍縮と呼ばれる。もっとも実際の減額は、前年度に比し、わずか六一七万円にとどまる。憲政会は不満を示したが、山梨陸相は突っぱねた。また、軍部大臣武官制はそのままとされた。

「宇垣軍縮」

山梨を継いだ宇《う》垣一成《がきかずしげ》は、清浦奎吾内閣から加藤高明内閣(第一次、第二次)、若槻礼次郎内閣(第一次)の陸相を務めた。宇垣は、第五〇議会(一九二四〜二五年)に、四個師団を廃止するとともに、それを補う装備の改善を含む整理案を出す。特科隊を創設し、総動員体制を推進する案である。宇垣は日記に、軍隊が縮小すると地域経済の困窮を招くことを思い知らせると記しており、単純に陸軍の整理を行ったのではなかった。

宇垣軍縮と呼ばれる陸軍整理は、人員（約三万四二〇〇人）と馬匹（約六〇〇〇頭）の削減で浮いた経費を、戦車隊や高射砲隊、航空隊に回し、「化学兵器」の研究機関や銃砲の改新を行い、実質的な軍備の充実を試みる。軍事予算の節減とは無縁の陸軍の整理と充実の計画であった（井上清『宇垣一成』）。

さらに、宇垣は、中等以上の男子学校に、現役の陸軍将校を配属し、学生の軍事教練を正課とした。また、青年訓練所を設け（一九二六年四月）、小学校卒業のまま進学しない青年に軍事訓練を行うこととする。軍事教練に反対する学生たちは、全国学生軍事教練反対同盟を結成している。

宇垣は帝国在郷軍人会にも目を向け、一九二五年に規約を改正し直接に軍部に連なるようにし、工場にも分会の結成を試みる。在郷軍人会は、「軍人精神」の向上を目的として組織され、召集事務に協力し、機関誌『戦友』『我が家』のほかに『大正公論』を発行していた。

宇垣は、かくして「二十余万の現役軍人」「三百余万の在郷軍人」「五、六十万の中上級の学生」「千余万の青少年」を陸軍が掌握するとしたが（『宇垣一成日記』一九二五年一二月三〇日）、宇垣の試みは、軍縮に名を借りた軍備と軍隊の合理化にほかならない。「国民」の軍隊を再編し、総力戦段階の編成装備に近づける試みであった。総力戦とは、軍事のみならず、経済や思想など国家の総力を挙げて物資と人員を動員し、戦闘を行う戦争の形態をいう。世界史的には、第一次世界大戦が総力戦の典型となり、日本の官僚も軍部もヨーロッパに赴き、総力戦の体制について調査と学習を行っている。

覇道か王道か

石橋湛山は、「大日本主義の幻想」(『東洋経済新報』一九二一年七月三〇日〜八月一三日)を繰り返し強調する。「大日本主義」、すなわち「日本本土以外に、領土若《も》しくは勢力範囲を拡張せんとする政策」が、「経済上」「軍事上」に「価値」が無いとする。同時に石橋は、朝鮮、台湾、中国の人びとは、日本人が「白人」の真似をし、自分たちを「圧迫」することに「憤慨」しているとし、平和主義をいう。石橋の議論は、一国単位の経済(国民経済)の健全さの追求が、東アジアに対する姿勢にも貫かれていることを示す。ここで、石橋の帝国日本への批判の目線は、孫文と共通するものがある。孫文は、一九二四年一一月に、神戸で「大亜細亜問題」と題した講演を行い、ヨーロッパの「覇道文化」とアジアの「王道文化」を対比し、日本は双方を有しているとした。そして、孫文は西洋の覇道の「番犬」となるか、東洋の王道の「干城《かんじょう》」となるかを問いつめた。

第5章　モダニズムの社会空間

(上)左から『キング』『家の光』『主婦之友』『婦人倶楽部』.（下)書店の雑誌売場(『日本地理大系』).

1　関東大震災

一九二三(大正一二)年九月一日午前一一時五八分、関東地方を突如、大きな地震が襲った。相模湾を震源地とし、マグニチュード七・九、中央気象台の地震計の針が振り切れ、飛び散ったという。

大地震と火災

建物も崩壊したが、とくにその後の火災が大きな被害をもたらした。被害は、一府六県、三四〇万四八九八人に及び、内務省社会局の調査(『大正震災志』一九二六年)によれば、死者九万一三四四人、そのうち火災によるものが七万五九五三人と八三%を占める。重軽傷者五万二〇八四人、行方不明者は一万三二七五人で、大半が火災による被害であった。川に逃げ込んで溺死した人も多い。

火災は、地震直後から発生し、九月三日まで燃え続け、東京市四八万三〇〇〇世帯のうち、三〇万九二四世帯が全焼の被害を受けている。東京の日本橋区内の建物家屋は全焼し、神田区、浅草区、本所《ほんじょ》区の家屋も、ほとんどが焼け落ちた。東京の市街地の実に四四%が焼失するが、木造家屋が多く、人口密度が高いにもかかわらず、空地が適切に配されず、都市計画が不在であったことが、被害の大きさを招いた。本所の陸軍被服廠跡は、手ごろな避難先であったため、人びとが続々と避難してきたが、荷物に火の粉が飛び火したうえ、竜巻が起こり四万人以上が焼け死んでいる。しかし、横浜の公園の場合には噴水や樹木があったため類焼がなく、死者がわずかであった。

報道と記憶　東京では新聞社が壊滅して新聞発行が不可能になり、他の地域の夕刊や号外で「稀有《けう》の激震起る」(『大阪毎日新聞』一九二三年九月二日夕刊。この時期の夕刊は、翌日の日付で発行)と伝えられたが、当初の報道は避難民からの話やうわさによっており、被害状況が判明せず情報が混乱している。九月五日ころから、被害の範囲のおおよそがつかめ、焼失した地域や建物の類焼の状況が判明する。東京の新聞も再刊しはじめ、余震や救援、交通手段や援助活動の情報を与え、負傷者の行き先を伝える。

図 **5-1**　隅田川の橋から転落する被災者. 避難者の荷車や大八車が火の粉で引火し，周囲の延焼のきっかけとなった(徳永柳洲画).

関東大震災の体験は深刻であったため、『改造』『太陽』『実業之日本』などの雑誌が特集号を組み、『アサヒグラフ』『大震災写真画報』など視覚的《ヴィジュアル》な記録も残された。震災共同基金会編『十一時五十八分』(一九三〇年)などをはじめとする体験記が募集され、公的機関による大部の調査書も出された。さらに映像による記録もなされた。
一九二三年一〇月に大日本雄弁会講談社より刊行された『大正大震災大火災』は、表紙から裏表紙にかけ炎に包まれ焼ける東京の街並みが描かれ、「噫《ああ》！　悲絶凄絶空前の大惨事!!」と最大級の形容詞を用いて、被害の概況や様相、地域の状況のほか、罹災の体験記や避難記を掲げた。また、復旧の進捗《しんちょく》を記し、震災時の逸話や秘話を収録した。さらに、「鬼神も面を掩ふ悲話惨話」「人情美の発露！　美談佳話」として、震災に伴う「美談」や「哀話」も掲載した。罹災者の体験が、東京の人びとの体験にとどまらず、ひろく「国民」の経験として共有されるようになり、関東大震災は時代認識として意識されるようになった。

虐殺事件　震災直後には、情報の不足から「大津波が来る」「大地震が再来する」などの流言が飛び交った。しかし、深刻な事態を惹き起こしたのは「朝鮮人」に関するデマである。早くも九月一日午後三時ころに、「社会主義者及び鮮人の放火多し」という流言があり、「不逞鮮人来襲すべし」「井水を飲み、菓子を食するは危険なり」とのデマがひろがったという(ママ)（警視庁『大正大震火災誌』一九二五年）。デマの発生については、「自然発生説」と権力者による「特定の予断」説とがあるが、デマの急速な拡大に軍隊や警察が関わっていたことは疑いない。
ときの警視総監・赤池濃《あつし》は、かつて朝鮮で爆弾を投げられた経験を持ち、治安維持に過敏であった。震災の発生とともに軍隊が出動し、九月三日から一一月一五日までは、日比谷焼打ち事件以来の戒厳令が布《し》かれた。そして、軍隊・警察は、朝鮮人や社会主義者を保護の名目のもとに検束しており、このことがデマに真実らしさを与えた。

東京の住民たちはデマを疑わず、地域ごとに自警団を結成し、親族や知人の安否を尋ねて行き交う人びとを詰問し、朝鮮人とみなすや、持っていた竹槍や鳶口《とびぐち》により虐殺した。のちに吉野作造や金承学《キムスンハク》が調査を行い、正確な数は不明ながら、虐殺された朝鮮人は六〇〇〇人を越えると推定されている。また、近年では、軍隊による朝鮮人の虐殺があったことも史料的にあきらかにされた。

さらに、社会運動家の王希天《おうきてん》をふくめた中国人や障害者も虐殺された。無政府主義者の大杉栄・伊藤野枝とその甥《おい》が、甘粕《あまかす》正彦らの憲兵隊に殺され、亀戸《かめいど》で労働運動を行っていた平沢計七《けいしち》や川合義虎《よしとら》ら一〇人の活動家も、亀戸警察署内で虐殺された。これらの出来事に対して、下手人追及の手は鈍かった。

こうしたなかで、雑誌『種蒔《ま》く人』の「帝都震災号外」（一九二三年一〇月）が、わずかに虐殺の事態を伝えている。

雑業層と旦那衆

朝鮮人に直接に手を下したのが「民衆」であったことは、植民地の人びとを差別、排除しながら彼らに恐怖の心性をあわせもつ、帝国の人びとのありようを示す。これまで政府に向かい都市民衆騒擾を起こしてきた「雑業層」が、震災時には、植民地人への攻撃に向かった。朝鮮人は「日雇い」や「人足」として単純労働に携わっていたが、彼らに自分たちの職場を奪われるのではないかという、雑業層の不安が震災の事態のなかで噴出した。虐殺が起こったのは、荒川周辺など朝鮮人と職を競合する地域がみられる。また、各地の自警団は、地域の「旦那衆」の主導で、そこに出入りをする職人や雇い人、鳶職などの雑業層が実動部隊となっており、都市の地域秩序のもとで結成されていた。

復旧から復興へ

罹災した人びとは、皇居前広場や日比谷公園に避難し、そこでテント生活をし、都市施設が壊滅したあとの不自由な生活に耐えていた。いったん都市の生活システムに慣れてしまうと、ガス、電気や上下水道の不備、電車や鉄道の不通は大きな不便を強いる。加えて、道路には焼失した建物の残骸が散乱し、ごみや屎尿の処理も滞った。

落ち着きを取りもどすにつれ、人びとは居住していた焼け跡地に戻り、バラックを建てて住むようになる。また、日比谷公園や上野公園、九段坂上などには、公設のバラック棟もあった。

こうしたなかで、関東大震災の復興計画が開始される。震災後の時期には、都市への関心が高く、都市計画の非専門家をふくめ、民間から出された復興案は一四〇篇に及んでいる（『帝都復興ニ関スル意見並陳述書摘要』全三輯）。また、建築技術者や市政担当者ら専門家が積極的に発言し、『中央公論』『改造』、あるいは『建築雑誌』などに復興計画案が出される。東京市政調査会、建築学会、土木学会など、専門学会の動きも目覚しい。復旧とともに、耐震・耐火の街づくりが目指され、都市改造が図られていく。

後藤新平と帝都復興

ときの政府は、地震のさなかにテントを張って九月二日に組閣を行った山本権兵衛《ごんべえ》内閣（第二次）であった。「震災内閣」の復興計画は、東京市長を経験し、「満州」で都市計画を担ったこともある後藤新平内相により遂行された。後藤は、アメリカの学者チャールズ・ビアードに相談し、帝都復興省による徹底的な都市改造を図り、三〇億円規模の壮大な構想を立てる。だが、すぐに政府内部での反対にあい、縮小と後退を余儀なくされ、帝都復興院（のち、復興局）による五億七三四三万円の計画となってしまった。

さらに、こうした帝都復興院の原案でさえ、諮問機関である帝都復興審議会が、予算が過剰であるとの点から強硬に反対した。都市改造の要となる土地問題に関しては、当初の土地収用案が土地区画整理へと後退する。土地区画整理は、土地所有者を「換地」に移動させ、その交換として所有地の一割の無償提供（「減歩」）を課すものであった。

後藤が総裁となった帝都復興院には、有能な技術者が集められ、道路と公園、橋梁を中核に復興計画を推進した。銀座方面から東京を南北に抜ける「昭和通り」、九段下から東西に走る「大正通り」（現在の「靖国通り」）を中心に五二の幹線道路が、東京駅を中心にした環状線や放射線の道路体系をともない設置された。道路は道幅を広くし舗装され、街路樹が植えられた。また、耐震耐火の橋が隅田川にかけられ新しい名所となり、隅田公園、浜町公園なども作られた。小学校に隣接する小公園が配され、同潤会による耐震耐火のアパートも建設された。

しかし、復興の実施過程には、反対運動も見られる。一九二五年二月には、日本橋区、下谷区などの中小商工業者(「旦那衆」)が、各区聯合区画整理制度改善期成同盟会を結成し、換地による移動と減歩に反対をする。震災直後の仮建築をすでに本格化させ、現住の場所で商売を営む彼らにとり、移転は「あらたな震災」であった。かつて住民運動を主導した高木益太郎が再び中心となり、改善期成同盟会は二四冊のパンフレットを発行し、講演会を一〇〇回以上も開く。一時は、改善期成同盟会の看板が日本橋界隈に並ぶという状況を呈した。

あわせて、布施辰治を中心とする借家人同盟(一九二二年に結成)は、家屋は焼失しても借家権は残っているという立場から、借家人が借家の焼け跡地に仮住居を建てて住むことを擁護する。こちらは、雑業層と労働者が中心となる運動で、旦那衆(家主)と対決した。

こうしたなか、一九三〇年三月二四日に帝都復興祭が開催され、天皇の臨席のもとで祝賀会が行われる。花電車が走り、音楽会が催され、外見は華々しいものであった。

天譴論と都市文化

関東大震災という衝撃的な事態に対しては、震災は天の諌《いさ》めであるという天譴《てんけん》論が出された。矛先は、都市文化に向けられた。個人主義の進展やモダニズム文化の台頭、社会運動や改造の主張の展開が、都市文化の発展と重ね合わされ、好まざるものとして攻撃されて、ナショナリズムが煽り立てられる。一九二三年一一月に出された「国民精神作興詔書」は、こうした意識の表明であり、「国体」と「醇風美俗《じゅんぷう》」を前面に押し出し、都市化による綻《ほころ》びをつくろい、国民統合を強化しようとした。

だが、都市化は、震災をはさんで着々と進行していく。東京の丸ビルの竣工は、一九二三年二月のことで、渋谷や新宿などターミナルも次々に出現する。私鉄が発達するとともに宅地開発がなされ、郊外には文化住宅が立ち並んだ。盛り場も、東京のばあい、これまでの浅草や銀座がいっそうの賑わいを見せるとともに、あらたな盛り場として新宿が発展していった。

2　「主婦」と「職業婦人」

主婦の雑誌

試みに一九二五年二月の『主婦之友』を開いてみよう。巻頭に「婦人美を発揮する体操」のグラビアページがあり、続けて読者からの応募原稿や評論、相談が掲載され、「羽織姿を恰好《かっこう》よくする工夫」「主婦の時間を如何に生み出すべきか」など家政に対する専門家のアドバイスがある。実用記事は、「手を美しくする注意と手入法」「マーマレードの簡単な製法」「寒さ時に喜ばれる温かいうどん料理」「不用の和服を婦人洋服にした仕立方」などと衣食住の生活の実際に及んでおり、型紙やレシピなどが付されている。

『主婦之友』には、毎号のように子ども服の作成法が掲げられ、食事の献立は四人前が標準とされる。夫婦と子どもの核家族が念頭に置かれた誌面づくりである。「婦人美」を体現し、家政にかかわる事柄をてきぱきとこなす女性が、妻、母、そして「主婦」として、夫や子どもに接し営む家族を理念としている。

夫婦関係を軸として『主婦之友』をみていくと、女性として夫に対応する必要が強調され、「良人操縦の秘訣百カ条」(一九二五年九月)では、「良人に対し魅力ある女性たれ」という。「真の婦人美」は、「正しい心」と「純《きよ》い美しい容姿」とがあいまって初めてみられるとし、美容や化粧の必要が説かれる。他方で、夫婦の「性的生活」も強調され、積極的に奨励される。「夫婦の和合」に重大な関係を持つものとして「夫婦の性的生活」を挙げ、「夫婦不和」の原因の大部分は、「性的生活の不完全」であるともいう(小《こ》酒井《さかい》不《ふ》木《ぼく》「性的生活から観た夫婦和合の秘訣」一九二七年五月)。

図 5-2　漬物の講習は「主婦」としての役割を身につける場ともなった(東京家政学院蔵).

産児調節

併行して、産児調節の記事や体験談も掲載される。出生率は一九二〇年を境に低下しているが、『主婦之友』では、たとえば「妊娠調節に苦心した妻の経験」(一九二八年六月)を募集する。三人の子を持つ岡山県の女性は、流産もふくめ毎年のように妊娠しており、「自分の身体」や子どもの教育費などのために、「望まぬ妊娠」を避けようとするが、四人目が生まれてしまう。結局、医師に相談し、ペッサリーを使用するにいたる経験を語る。
また、医師・荻野久作《おぎのきゅうさく》の論文「誰にもわかる、妊娠する日とせぬ日の判断法」が誌上（一九二七年一二月）に掲げられ、避妊法として読まれていく。さらに、荻野式に基づく体温表が附録とされるなど、『主婦之友』を舞台としても産児調節の実践がなされる。

この時期には産児調節が大きな問題となり、社会運動に参画する安部磯雄は、「子供が多すぎる為めにみじめな生活をしている多くの人々」を見るたびに、子どもは生活に応じて持つように「調節」せねばならぬとした（『大阪毎日新聞』一九二八年一二月七日）。加藤シヅエの主宰する『小家族』も産児調節を唱えた。他方、性科学を講ずる山本宣治《せんじ》は、一九二二年のマーガレット・サンガーの来日をきっかけに『産児調節評論』（のち『性と社会』）を創刊し、産児制限運動を起こした。安部、山本らは、労働者を対象とした産児制限を試みる。

なお、『主婦之友』誌上では、「不妊の人が赤坊を産んだ経験」（一九二八年九月）も少なからず掲げられる。この意味で、同誌では産児調節という語が用いられていた。

新中間層と専業主婦

こうした女性雑誌には、一九〇三年創刊の『家庭之友』（のち『婦人之友』）、『婦人公論』（一九一六年）などがあり、一九二〇年には『婦人くらぶ』が創刊される（のち『婦人倶楽部』）。一九二〇年代後半には、『主婦之友』は二〇〇万部以上を発行していた。女性の識字率《リテラシー》の向上が背後にあるが、回し読みや夜店で月遅れのバックナンバーを購入するものも多く、女性雑誌には膨大な数の読者が存在していた。

『婦人公論』は議論が先行し、いくぶんハイブラウであるのに比し、『主婦之友』には実用記事が多く掲げられるなどの差異はある。だが、いずれの雑誌も都市に暮らす新中間層の家族をモデルとした。「中流」の理念と規範を記し、あらたな家族像と家庭像を提示していく。想定されている夫の職業は、官公吏、教員、会社員、職業軍人などの俸給生活者である。中小商工業者(「旦那衆」)のような家産的な職業ではなく、学校教育(学歴)を通して社会的な地位を獲得した夫を持つ家族である。この家族では、専業主婦である母親の愛情と教育が子どもに注がれる。

「真の女」と恋愛

家族をめぐる議論も展開された。平塚らいてう「母性の尊重に就《つ》いて」(『文章世界』一九一六年五月)は、「過去の婦人問題が――所謂《いわゆる》旧《ふる》き女権論者等の主張の中に含まれている婦人問題が「女よ、人たれ」」とすれば、「更に進化し発展した今日の婦人問題は「人たる女よ、真の女たれ」」ということだと述べる。女性性の発現の誕生と重ねて主張された恋愛はしっかりと定着し、厨川白村《くりやがわはくそん》『近代の恋愛観』(一九二二年)などがベストセラーとなった。

こうしたなかで、獲得した恋愛をいかに位置づけるかをめぐる論争も起きる。『婦人公論』

誌上でなされた、山川菊栄《きくえ》と高群逸枝《たかむれいつえ》の論争は、その代表的なひとつである。マルクス主義の立場に立ち、経済制度に着目する山川の議論は、階級的な立場を強調する(「景品つき特価品としての女」一九二八年一月)。それに対し、高群の議論(「山川菊栄氏の恋愛観を難ず」五月)は、女性の美について考察し、女性原理に焦点を定める。ふたりの間で重ねられた応酬は、恋愛を対象にしながら、女性の社会的な解放の方向を論じている。

新しい男女

一九二〇年代後半の家族の様相を敏感に写し取っていたのは、広範な読者が相手である新聞や雑誌を発表の舞台とする小説家であった。ユーモア作家・佐々木邦《くに》は「主権妻権」(一九二四年)などにおいて、家族本位で、夫婦と子どもとの生活のなかでのささやかな幸せに暮らし、私生活を重視するサラリーマン家族を登場させた。

男性と女性の関係が抑圧的な関係を内包するという立場からは、女性同士の関係が希求される。女性たちに圧倒的な人気を博した吉屋信子《よしやのぶこ》の小説には、女性同士のもつ友情が記される。あらたな家族形態でも、依然として家父長的な振舞いをする男性への不信感が吉屋の小説の底流にあり、権力関係のない女性同士の関係が理想的に描かれた。

また、「新しい男」とでもいうべき存在の登場にも、留意すべきであろう。画家の竹久夢二《たけひさゆめじ》はそのひとりで、家父長的な存在としての自己を否定する。竹久の描く女性像はいかにも頼りなげだが、その女性に、男性性を対置し彼女らを支えることを拒否するのである。

「職業婦人」

近代家族の拡大にともなう「主婦」の確立は、「職業婦人」の存在と併行している。一九二〇年代後半には、女性の職場進出は、量的にも領域的にも増加する。奥むめおが中心となった結社は、その名もずばり職業婦人社を名乗り、機関誌を『職業婦人』とした。創刊号（一九二三年六月）に寄せた、伊藤夏子「職業婦人の起つべき時」は、「労働婦人」とは「紡績工女」のみではなく、「女教員」「女事務員」「女医」「看護婦」「女店員」「タイピスト」など、多様に存在することをいう。そして、みずからを「中流婦人」とし「女工の様な労働者ではない」という「妙な自尊心」を持つ女性を批判する。

女性の職業への進出と職種の多様化は目立っており、各市町村が調査を行う。東京市による調査の『婦人職業戦線の展望』（一九三一年）は、「タイピスト」「事務員」「給仕」が多数であるとし、女工と教員、看護婦が大半を占めていたころとは、大きく変わってきている。もっとも、就職経路は、八割が「知人親戚の紹介」であり、次第に「学校の紹介」が増えていく。「女子部」をもつ簿記学校、商業学校の創設は、そのための回路であった。

男性社会への問い

『職業婦人』（一九二三年六月）は、「職業婦人としての私の不平、不満、抱負、喜び、希望！」を特集し、男性社会に直面した女性たちの多様な声を集めている。電話交換手の松村よし子は、仲間はその職業を恥じ「女学生風」を真似るが、「交換手だといって馬鹿にせず」に取り扱ってくれたら「みじめな虚栄心」はなくなると訴え、郵便局員の前田とし子は、「男子事務員」が「いやな用事やめんどうな仕事」を「女にさせる」と批判する。小学校の教師である金子りきも、月給は男性より少なく、校長になれないなど、男性に許されることが「罪」とされると訴える。

また、銀行員の岡山しづは、「嫁入りまでのつなぎ」とする考えを社会や「職業婦人自身」からなくしたいとし、職業は明かせないという吉崎いと子は、「生活のために」脅かされる「境遇」をあげ、「この文明とやらが社会とやらがのろわしくてなりません」と述べた。評議会で婦人部論争が起こり、女性労働者の独自性が議論されるのは、ようやく一九二六年四月のことである。

図 5-3　大阪市営バスの女性車掌.「職業婦人」はさまざまな職場に進出した(朝日新聞社).

『主婦之友』『婦人公論』など「主婦」にむけた雑誌は、多分に差別意識を含みながら「職業婦人」への言及を行っている。「職業婦人に対する使用主からの註文は何か?」(『主婦之友』一九二四年八月)は、職業婦人は「向上心に欠け」「朋輩同志《ママ》の嫉妬」がみられ(白木屋呉服店営業部長)、「体質が弱く」「能力の低いこと」(貯金局庶務課長)があげられ、「風紀問題」を「非常に厳重にし」局員同士の結婚は認めない(逓信次官)などと、言わせ放題である。

3 「常民」とは誰か

「文明化」する農村

一九二〇年代後半における農村社会の変容は、さまざまな局面に現れている。農商務省に勤務する小野武夫は、汽車、乗合自動車、自転車といった交通手段や、行商人のもちこむ流行、「模様入りの反物」などをとりあげながら、いまや「日本の村々の隅々」までも、「文明開化の嵐」が吹きまくっていると記す（『村の辻を往く』一九二六年）。

また、同じ一九二六年二月一五日に発行された『別所時報』は、「村の新聞」として「文化の向上」に資することを謳った。さらに「他郷にある人」の「慰安」と「懐かしき故郷の消息」を知らせることを述べた。また、「時事問題の解説」が掲げられ、村内の政治、予算などが解説される。このなかで、「親を捨、家を捨、華美と享楽との巷《ちまた》に走りたがる」「嗚呼！　実に恐ろしきは浮薄なる物質文明なり」（浮草生「「ヘンテコ」な文化」一九二八年二月一〇日）という反都市主義も露呈している。

さらに、この時期には、各地に表現する農民たちが現れる。九十九里の伊藤和（『馬』『泥』）、山形の加藤吉治（『野良着』）、和歌山の上政治《かみまさはる》（『農民詩人』）、福岡の定村比呂志（『鴉《からす》』）らをはじめ、農民詩人がそれぞれの同人誌を刊行するようになる(松永伍一『日本農民詩史』)。

一九二五年一一月に結成された農民自治会は、「自治」を標榜する一方、反都市の意識をもつ。「帝劇」「三越」「丸ビル」「ラジオ」などを挙げながら「都会は日に贅沢に赴く」が、それに引きかえ、農村は相かわらず「かびた塩魚」と「棚ざらしの染絣《(ママ)》」を食べ、それさえ「もぐらのように土にまみれ、寒鼠のように貧苦に咽《むせ》ぶ無産農民」の手には容易に入らないと嘆く(渋谷定輔『農民哀史』)。

図5-4 清掃活動を行う青年団(埼玉県北埼玉郡鴻茎村，日本青年館蔵).

柳田国男の眼

柳田国男は、こうした農村社会の変化を書きとめたひとりである。この時期に刊行された代表作のひとつ『明治大正史 世相篇』(一九三一年)で、柳田は、現時を「世の中の変り目」とし、共同性の感覚の変化を考察しようと、「色彩」や「故郷」、「風景」や「旅」、「社交」や「団結」、「貧」に対する感覚などに注目する。すなわち視覚(「眼に映ずる」もの)から、聴覚(音)、嗅覚(「鼻の経験」)、感触(温かさ)を取りあげ、花、米や酒や塩、竈《かまど》とその火、履物やガラス、自転車、家屋とその材料、さらには山、港、道路などまで、あらゆる次元に眼を配り、人びとの感覚の推移に眼をむけた。

加えて、『明治大正史　世相篇』で注目すべきは、その手法である。柳田は、「毎日我々の眼前に出ては消える事実のみによって、立派に歴史は書ける」という立場から、「新聞のあり余るほどの毎日の記事」を資料とし、「共同の認識」を探り歴史に接近する。とともに、「在来の伝記的歴史」に不満を持ち、「故意に固有名詞を一つでも掲げまいとした」(「自序」)。この実践を通じて、柳田は農村の変容、社会の転換の様相を描き出そうとした。

柳田の社会変化の把握は、彼の「常民《じょうみん》」の概念と連動している。「常民」とは、社会の基盤を形づくり、習慣や民俗、「伝統」を担う人びとを指し、柳田は、この語を一九二〇年代後半から一九三〇年代にかけての時期に、頻繁に使用している。日本社会の変化を「伝統」とその担い手の喪失として把握する意識が、「常民」の発見と提唱に連なっている。

「常民」の発見へ

もっとも、柳田が「常民」を見出すまでには、道のりがある。詩人(新体詩人)として出発した柳田は一九〇〇年に農商務省に入り、日露戦争後の社会の変動を敏感に察知し、農政官僚として農村問題に関わる。しかし、すぐにその実効性に疑念を持ち、一九〇九年に『後狩詞記《のちのかりことばのき》』を著わし、つづけて翌年には『石神問答《いしがみもんどう》』『遠野《とおの》物語』を出版した。山の民の伝承を採集し、そのことで「平地人」の姿を浮き彫りにしようとする。

一九二一年から二三年に国際連盟委任統治委員としてジュネーブに滞在した前後から、柳田はさらなる旋回を始める。東北と沖縄へ旅をし、『雪国の春』(一九二八年)と『海南小記』(一九二五年)を刊行する。日本列島の北部と南部に着目した柳田は、稲作とそれをもとにする信仰により「日本人」を把握し、言語と神の共通性が「日本民族」を創出したと考える。

また、柳田は、事実の集積により論証する方法を採用し、「得やすい資料の実証」によって、「気付かぬ過去」へ「帰納」することを「フォクロア」(民俗学)と呼んだ。「文字以外の史料《ママ》」を用いての「世相を解説する史学」(「史学と世相」一九三五年)である。しかし、柳田は植民地である朝鮮や台湾には、その素材を求めない。民俗学はあくまでも国民国家の内部の探求であり、「日本人」「日本文化」として具体化される「日本的個性」の追求である。柳田自身、自らの学を「新たなる国学」と呼んでいる(『郷土生活の研究法』一九三五年)。

こうした文脈からは、柳田の「常民」は「国民」として把握されることとなる。柳田は、一九二八年に刊行した『青年と学問』のなかで、「もはや出先の外交官や、時の武人団の意向などに、和戦の判断の鍵を委ねておくわけには行かぬ。国民自身が直接に、この重要なる根本問題を考えてみなければならぬ。すなわち普選はいわばそのための普選であった」と述べ、「国民自身」の判断を重視し、その文脈で普通選挙(普選)に言及した。柳田もまた、「改造」の潮流のなかのひとりであった。

柳田の学問は、日本の時間・空間のあらたな考察を促進する。評論家の千葉亀雄は、当時の出版界の「一つの傾向」として「日本というものはどういうものであったか」への関心を挙げる。「之までは歴史に現われぬ」「社会史そのものを研究しようとする著作」はその一例で、「武家史」と「戦争史」に対し「農民史」が登場したという。また、いまや「日本の婦人」は、「古い日本婦人の生活と別な営み」をしようとしつつあるという認識から、「過去の自国女性研究」の必要を述べる(「女性史の研究」『読売新聞』一九二五年六月二六日)。

日本の「原郷」

この傾向は、併行して日本の「原郷」を探求するいくつもの試みを生む。柳田の南島論は、近代化し帝国と成り至った日本の「原型」を、南島に求めようとする議論となる。沖縄学の祖とされる伊波普猷《いはふゆう》は、琉球の古典である「おもろさうし」に関心を寄せ、論文集『古琉球』(一九一一年)を著わした。伊波は、日本と沖縄の同祖論をいい、双方の調和を主張し、そのうえで「琉球民族」の特徴を探ろうとした。生物学者で民俗学者でもある南方熊楠《みなかたくまぐす》、神話学者で国文学者の折口信夫《おりくちしのぶ》なども、それぞれの立場から「日本」の時間と空間を考察した。

こうしたなかで刊行された『日本地理大系』(一九二九〜三一年)には、大日本帝国の地理感覚と空間意識が示されている。全一二巻・別巻五巻のボリュームを持つこのシリーズには、「大東京篇」が置かれ、各地域(「関東」「奥羽」「中部」「近畿」「中国及四国」「九州」)が記されるなか、帝国日本を示すように、北海道には「樺太」が附され(「北海道・樺太篇」)、「台湾篇」「朝鮮篇」が配されている。さらに、別巻には「満洲及南洋篇」と、南北アメリカなど移民が赴く「海外発展地篇」が附された。「富士山篇」もあり、「日本」が意識されている。

4 都市空間の文化経験

都市の心性　江戸川乱歩《らんぽ》は、小説「屋根裏の散歩者」(『新青年』一九二五年八月)の主人公・郷田《ごうだ》三郎について、「どんな遊びも、どんな職業も、何をやってみても、いっこうこの世が面白くないのでした」と、説明している。郷田は、定職を持たず、東京のあちこちを転々とする「遊民《フラヌール》」であり、何をしても刺激が無いが、ふとしたことから下宿の屋根裏をさまよい歩き、他人の部屋や私生活を盗み見するという「快楽」を見出す。その郷田は、天井の節穴から、熟睡中の男の口の中に毒薬をたらしこみ、死に至らしめてしまう。郷田は、その男に恨みがあったわけではなく、「理由なき殺人」を犯している。大衆社会化した一九二〇年代後半の大都市に居住する人びとの心性の一局面を、乱歩は抉《えぐ》り出す。

郷田の犯行を暴く、探偵役の明智《あけち》小五郎も、同様に定職を持たず、定住を拒む「遊民」である。何よりも乱歩自身が、三重県から東京に出てきて、さまざまな職業を経験し、東京のあちこちに居所を求める体験を持つ。大都市の空間には、各地から移動してくる人びと、「遊民」としてさまよう人びとがみられ、その底流には怨恨《ルサンチマン》が滞留している。

『新青年』とそこに参画した夢野久作《きゅうさく》、江戸川乱歩らは、こうした不安と衝動を持ち、都市空間のなかで、すれちがう「他者」を描く。モダニズムの進行がもたらした合理性の世界に亀裂を持ち込み、合理的な精神が持つ背後の暗闇を見つめようとし、都市に生息する人びとの持つ心の暗部に入り込んでいく。芥川龍之介が、一九二七年に「唯ぼんやりとした不安」(「或旧友へ送る手記」)を言い残し自死したことと共通性を持とう。

不安と孤独

図5-5の「うちわ」は、資生堂の宣伝物であるが、銀座の夜景と重ねあわせ、背景に雑踏(=群衆)が描かれ、そのひとりの女性がクローズアップされる。断髪で帽子をかぶりスカーフを巻く洋装の女性は、顔立ちも合わせ、モダニズムを体現するとともに、互いに会話や視線を交し合うことはない、「孤独な群衆」の一員である。

加えて、一九二〇年代後半から三〇年代にかけては、都市生まれの第二世代が成長し、都市の構成員も変化を見せる。評論家・小林秀雄の「故郷を失つた文学」(『文藝春秋』一九三三年)は、「東京に生まれた東京人」として「第一の故郷も、第二の故郷も、いやそもそも故郷という意味がわからぬ」と「故郷のない精神」を述べている。

「波浮《はぶ》の港」(一九二八年)をはじめ、「佐渡おけさ」「おはら節」などの新民謡の流行は、こうした都市空間の反映で、都市空間の来住者に、ノスタルジー(「郷愁」)の感覚を与え、「故郷」の意識をもたらした。同時に、この新民謡の感性はレコードによって作られた感性である。複製技術としてのレコードは、映画、写真、ラジオなどとともに、この時期に一挙に社会に入り込み、あらたな感性を生み出すこととなる。

大衆社会の登場

一九二〇年代後半からの都市には、映画館やカフェ、デパートやダンスホールが立ち並び、街頭での文化が一挙に花開く。ターミナルがつくられ、郊外生活が本格化されるなど、都市化が進行し、それに伴うあらたな生活スタイルが開始された。和

図 5-5　銀座資生堂が宣伝用に配布したうちわには，モダンな銀座の街なみと「モダンガール」の姿が描かれている．

図 5-6　銀座の喫茶店で紅茶と洋菓子を愉しむ女性たち(『日本地理大系』)．

洋折衷で、流しを備えた台所や廊下で仕切られた部屋を有し、ときには子ども部屋も持つ文化住宅が建てられた。また、断髪で洋装のモガ(モダンガール)やモボ(モダンボーイ)が東京・銀座や横浜・伊勢佐木、大阪・御堂筋の大通りを闊歩し、大衆社会が眼に映るようになった。

モダン・ライフの時代

こうした都市空間の心性と「民衆」「群集」の姿を書きとめるべく、さまざまな試みが現れる。このとき、①新中間層に基軸を置く観察と、②労働者の立場からの発言がある。

①は、大量に登場した新中間層が担うモダニズムの現象に着目する。評論家の大宅《おおや》壮一《そういち》は「モダン・ライフ」に着目し(「モダン層とモダン相」『中央公論』一九二九年二月)、同じく評論家の清沢洌《きよし》は「モダンガールは婦人反逆の第一声である」(『モダンガール』一九二六年)と書きとめた。また、民俗学者の今和《こんわ》次《じ》郎《ろう》は『モデルノロヂオ』で都市の風俗を収集し、社会学者の権田《ごんだ》保之《やすの》助《すけ》は都市娯楽の探求に赴き、さらに経済学者の森本厚吉は「文化生活」を唱え、生活改善を提唱実践した。いずれも新中間層の生活や風俗にモダニズムを見出し、日本モダニズムの積極性と危うさを報告するスタイルをとる。

新中間層の風俗の記述は、上海やソウルなど東アジアの都市空間も視野に入れ、『朝鮮日報』「漫画漫文」には、ソウルのモダンガールの出現や本町の「本ブラ」が記された。また、後藤郁子「朝鮮秋風抄」(『女人《にょにん》藝術』一九二八年一〇月)は、「朝鮮は烈しいジャズの都市である。鍾路銀座に本町銀座。前者は朝鮮の人の唯一の繁華な通り。後者は内地の街通り。朝鮮人のモガ、モボ、内地人のモガ、モボの対照。モボは朝鮮の青年の方がスマートだ」と述べる。

横光利《よこみつり》一《いち》『上海』は、こうしたモダニズムの空間のなかで起こった中国における日本資本の紡績業(在華紡)の労働者のストライキを素材とし、ナショナリズムとモダニズム、植民地主義と民族主義、資本主義と封建主義が複雑に絡み合う都市・上海を描く。

これに対し、②の草間《くさま》八十雄《やそお》や石角春之《いしずみはるの》助《すけ》らは、都市の下層社会と盛り場によって都市空間を表象し、その爛熟した様相を描き出す。盛り場と下層社会という一見かけ離れたものを統一した視線で把握することにより、都市空間がもつ皮相さと問題性を浮き彫りにした。草間『どん底の人達』(一九三六年)は、都市の下層に住む人びとの生活を職業や収入、心理などにわたり、事例を挙げながら報じる。

下層社会から「階級」へ

②の核となるのは、働くものの実感から出発し、「階級」に立脚する記述である。すでに関東大震災前から、「芸術の革命と革命の芸術」(青野季吉《すえきち》)が主張されていた。このプロレタリアートの文化運動は、モダニズムの進展とともに、民衆―前衛、都市―農村、日本―世界といった対抗関係を意識化し、一九二〇年代後半から三〇年代にかけ大きな潮流となった。

たとえば、『種蒔く人』を継承する『文藝戦線』(一九二四年六月)は、「我等は無産階級解放運動に於ける芸術上の共同戦線に立つ」という「綱領」を持つとともに、自分たちは「寸時も資本主義と戦わずにいられない運命」を有し、戦ってきたという（今野賢三「突進の武器」）。また、岡下一郎「工場文学の提唱」（『文藝戦線』一九二六年八月）は、「二元的な社会形態」すなわち「支配と被支配」「搾取と被搾取」から発生する労働者の苦悶の表現を目指す。そして、工場で機械生産に従事する「吾々の感覚」を基礎とすることこそが、「生命を持続する為の芸術」であり「本統の芸術」とする。

朝鮮・中国への視線

文化経験を問うとき、朝鮮や中国との関係がここでも論点となろう。葉《は》山嘉樹《やまよしき》の小説「それや何ぞ」（『文藝戦線』一九二六年三月）は、「鮮《(マヽ)》人労働者は、自ら意識しない、反抗心を根強く持つてゐた。彼等は、若し〔日本人労働者との〕喧嘩に負けたら、自分と同じ民族、同じ郷土が侮辱されると考へない訳には行かないのであつた。それを軽侮することは、日本の労働者が、アメリカで、ブルヂヨア共に侮辱されることを、承認するのと同じことである」と、朝鮮人労働者の内面に理解を示していた。

中野重治《しげはる》「雨の降る品川駅」（『改造』一九二九年二月）は、

辛よ　さやうなら／金よ　さやうなら／君らは雨の降る品川駅から乗車する
李よ　さやうなら／も一人の李よ　さやうなら／君らは君らの父母《ちちはは》の国に帰る

と歌った。朝鮮人との連帯をいう美しい詩である。とともに、彼らが「日本プロレタリアートの前だて後ろだて」とされており、階級概念に民族が包摂されてもいる。この詩には伏字が多いが、近年、復元の試みがなされている。

また、中西伊之助のソウルでの講演（一九二五年）をきっかけに、朝鮮プロレタリア芸術連盟が結成された。『赤旗』（一九二三年）に、アンケート「無産階級から見た朝鮮解放問題」が載り、プロレタリア演劇においても、村山知義《ともよし》「暴力団記」（一九二九年）、「勝利の記録」（一九三一年）、久保栄《さかえ》「中国湖南省」（一九三二年）などには、中国人民への視点、反戦の主張が見られる。

『キング』と『家の光』

かくして農村社会と都市社会は、揺れ動いていた。そのため、家庭の健全さが訴えられる。『キング』と『家の光』は、一九二〇年代後半のあらたな社会状況に対応する雑誌として、いずれも一九二五年に創刊された。ともに一〇〇万部を越える発行部数を誇ったが、たとえば『キング』創刊号（一九二五年一月）は、「中世的ではなくて近世的であり、専制的でなくて民衆的であり、聡明にして趣味豊満、気軽に変装して随時随所に出没し、殆ど端倪《たんげい》する遑《いとま》がない」と、現代性と軽快さを自認する。

そして『キング』は「一家に一冊」を標榜し、年齢や性別、職業を越えた「国民雑誌」を目指す。著名人の論稿をはじめ、成功譚や出世譚、逸話、小説や講談から実用記事、笑い話に至るまで、多様なジャンルの記事が満載され、社会不安を防禦する家庭の育成が図られる。農村にも目を向け、発刊時には村長や青年団幹部、校長などにも案内を送っている。

産業組合中央会の機関誌である『家の光』は、農村生活の向上、相互扶助を目的とし、冠婚葬祭の簡素化や保健衛生知識の普及を説き、生活改善や修養講話記事を多く掲げた。あわせて、「和服裁縫急所仕立法」や「自家用醬油のつくり方」など実用記事を掲げ、ラジオの普及や「農村風の文化住宅」などを論じ、農村生活の「近代化」を図った。

5 普通選挙法と治安維持法

第二次護憲運動

山本権兵衛内閣(第二次)は、すでに一九二三年一二月二九日に総辞職していた。この直前、第四八議会の開会に向かう摂政(大正天皇の病状がよくないため、一九二一年一一月より、皇太子・裕仁《ひろひと》がつとめていた)が、虎ノ門で、アナキストの難波《なんば》大助《だいすけ》に狙撃される事件(虎の門事件)が起こり、その責任をとることとなったのである。

一九二四年初頭の政界は、清浦奎吾内閣の発足から始まる(一月七日)。清浦内閣の誕生には、政党内閣を時期尚早とする元老・西園寺公望の意向があった。しかし、政局は波乱含みとなる。内閣は、外相と陸海相を除き、他はすべて貴族院議員で構成され、大正デモクラシーの流れに逆行していた。国民精神作興、経済力復興などを掲げる清浦内閣に対し、憲政会、革新俱楽部、および政友会は「憲政の本義に則り、政党内閣の確立を期す」ことを申し合わせる(一月一八日)。ここに、三党派による内閣打倒を目的とする第二次護憲運動が開始される。

革新倶楽部は、一九二二年に、立憲国民党など非政友会系の合同により成立した党派で、尾崎行雄、犬養毅《いぬかいつよし》らが参加し、普選即行、軍備縮小などを唱えた。小党派だが、大政党に与《くみ》しない人びとから支持されていた。他方、政友会では、反清浦内閣の方針に不満を持つ、床次竹二郎、山本達雄、中橋徳五郎ら一四九人が脱党して、政友本党を結成した(一月二九日)。政友会の分裂である。

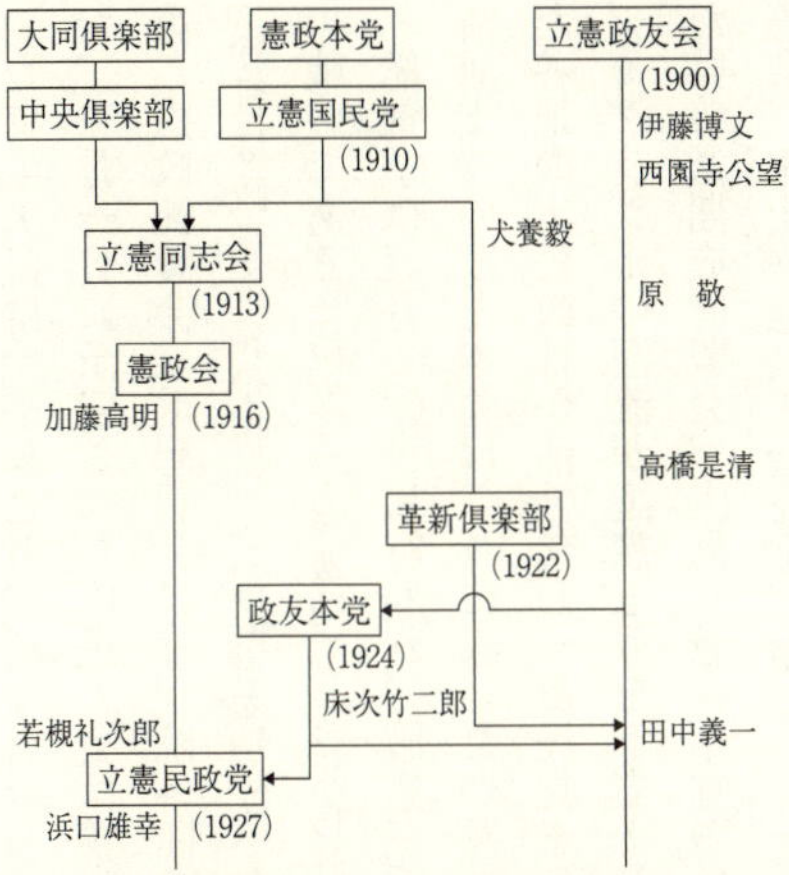

図 **5-7**　既成政党の変遷

護憲三派と選挙戦

第四八議会(一九二三年一二月二七日開会)は、皇太子の成婚(一月二六日)をはさみ、衆議院は一月二九日まで休会とされた。三一日に本会議が開かれたが、議場に暴漢が乱入したため休憩に入り、衆議院はそのまま解散されてしまった。

この日、護憲三派は、こもごも解散を批判した。議会を遠巻きにした人びとと警官隊とのあいだで「大乱闘」が起こり、検束者や負傷者を出した(『東京朝日新聞』一九二四年二月一日)。また、二月一日に予定された国民大会は警官隊に阻止されたが、翌二日に上野精養軒《せいようけん》で開かれた第二憲政擁護会三派懇親会には、院外団を中心に約一〇〇〇人の人びとが集まった。ここでは、「今日は政党主義が勝つか官僚主義が敗るるか、専制主義が勝つか立憲主義が敗るるか関ケ原の戦いである」(政友会・秦豊助《はたとよすけ》)と訴えられた(『東京朝日新聞』一九二四年二月三日)。

総選挙は五月一〇日に行われ、護憲三派が絶対多数を占め勝利した。憲政会が第一党となり、清浦支持の政友本党はこれに次いだが及ばなかった。背後には、第一次世界大戦期からみられた各地の市民政社が活性化し、農民党を名乗る地域政党が結成されるなど、地域における大正デモクラシーの潮流が護憲三派を下支えしたことがある。たとえば、広島県では、すでにあった呉普選期成同盟会、広島立憲青年党のほか、福山立憲革成会、備南立憲青年党、安芸《あき》青年同志会、甲山《こうざん》立憲公正会などが結成されていた(天野卓郎『大正デモクラシーと民衆運動』)。多くは憲政会系であり、このかんの地殻変動が政党の系列に吸収されつつあった。第二次護憲運動は、政党主導による選挙戦の形態をとり、政党が「上から」組織した民衆運動によりなされた。

加藤高明内閣と普通選挙法

総選挙の結果を受けて清浦内閣は総辞職し(六月七日)、憲政会の加藤高明に組閣命令が下り、六月一一日に加藤内閣が発足した。首相の推薦権は、相変わらず元老が握っているものの、総選挙で第一党となった党首が政権を担当し、以後、犬養毅内閣期までの八年間、政党内閣が継続することとなる。

加藤内閣は、外務大臣に幣原喜重郎《しではらきじゅうろう》、内務大臣は若槻礼次郎《わかつきれいじろう》（憲政会）、大蔵大臣は浜口雄幸《おさち》（憲政会）といった布陣をもち、高橋是清（政友会総裁）は農商務大臣、犬養毅（革新倶楽部盟主）は逓信大臣として入閣した。加藤内閣では、普通選挙法案（衆議院議員選挙法の改正）をめぐる攻防が最大の焦点となった。

加藤内閣で普選法が成立するには、枢密院、与党内部、貴族院、両院協議会など、いくつものハードルがあったが、第五〇議会で一九二五年三月二九日に成立した。あわせて、小選挙区制を廃止し、中選挙区制を導入した。この普選法によって、二五歳以上の「帝国臣民たる男子」に選挙権が与えられ、有権者は三二八万人から、一二四〇万人に増えた。各地で祝賀会や提灯《ちょうちん》行列が催され、宣伝ビラが出された。祝賀会は、おおむね政友会や憲政会の各地支部の主催により、名古屋では、東海普選連盟主催の名古屋市民祝賀会が鶴舞《つるま》公園で開かれ、知事をはじめ市会議長、代議士が出席し、熱田《あつた》神宮にも報告に行っている。

『東京朝日新聞』（三月三〇日）は、「国民の宿望」が実現し、「新しい時代への通路を開く国民の忘る可《べ》からざる日」であり、「憲政史上特筆さるべき衆議院本会議」と最大級の形容で報じた。だが、あわせて「社説」（三月三〇日）では、「賀すべきではあるが、（中略）普選問題は、ここに解決し、完成したものとは思われぬ」と留保をつけた。「普選の誕生」が、その最後の段階で「悪意ある産婆の為に傷を負うた」とし、「国民の記憶に、此の悪産婆に対する恨みが、普選案に残る傷と共に消えない」と比喩を用いて、貴族院の介入を批判した。

「社説」が「傷」と言及したのは、選挙権者の「欠格条項」をめぐる問題である。納税条件の撤廃は合意されたが、「貧困者」にかかわる点が議論となった。枢密院や貴族院での修正により、「貧困により公私の救助または扶助を受くる者」が除外された。また、同一市町村内に一年以上居住することも条件とされた。これまでは、同一選挙区内に六カ月以上の居住であった条件が厳しくなり、移動の多い「貧困者」が排斥された。

女性と参政権

とともに、女性の参政権は依然として認められない。さきの『東京朝日新聞』の「社説」も、普選法の「傷」をいうときに、女性が除外されていることは挙げず、日本帝国と社会は、女性をまだ「国民」として認知していない。

女性の参政権をめぐり、新聞紙上で論議されてはいる。『東京朝日新聞』は、一九二五年二月に「婦人参政の可否」について、女性たちに投書を呼びかけ「紙上討論」を試みる。初回の二月一八日に掲げられたのは、「婦人参政は我国の目下の教育程度風俗習慣では、まだまだだ」といい、要求しているのは「所謂新しい婦人連」(吉本久)であるという反対意見。また、「婦人参政は尚早でも不可でも有りませぬ」(北畠千代)という賛成意見で、両論が併置された。

すでに、婦人参政権獲得期成同盟会(一九二四年一二月。理事は、市川房枝、久布《くぶ》白落実《しろおちみ》)が結成されていたが、この結果を見て、同会は一九二五年四月に婦選獲得同盟と改称した。婦選獲得同盟は、「国民半数の婦人」が「少数の男子と共に、政治圏外に取残された」と強く参政権を訴えた。女性が「一個の人間として」「一個の国民として」、国家の政治に参与することが「当然にして必要」であることは自明で、すべての力をここに集中すると宣言した（『婦選』一九二五年一〇月）。

獲得同盟は、一九二八年四月の第五年次総会で、政治を政党の「泥仕合」から救い「清浄公正なる国民の政治」とすること、「政治と台所の関係」を密接にし、国民生活の「安定」を計ること、そして、女性や子どもに不利な法律制度を改廃し福祉を増進することを要求した。ここには、男性により担われた政党政治への幻滅感が見られ、直接に「国民」が政治と結びつくことが求められている。

植民地と参政権

また、憲法が適用されていないため、植民地の人びとにも参政権は与えられない。植民地の人びととの選挙権をめぐり議論されたのは、「内地」に居住する植民地の人びと（男性）のばあいである。すでに第四〇議会（一九一八年）などで議論されていたが、普選法の審議の過程であらためて取り上げられ、居住条件を満たしていれば参政権を認めることとした。普選法で納税条件が撤廃されたため、結果的に植民地男性の有権者は増加する（松田利彦『戦前期の在日朝鮮人と参政権』）。

『太陽』(一九二四年一月)は、識者に対するアンケート「普通選挙の可否に関する名士の意見」のなかで、内地在住朝鮮人への参政権付与の是非を尋ねている。ただ、普選法に前向きであったのは、親日派の朝鮮人であったという傾向は否めない。

このほか、普選法では、選挙運動への規制が強化され、戸別訪問、面接、電話による運動が禁止され、立候補に際して供託金や法定得票数制度が採用されたほか、選挙費用や文書などに制限を設け、有権者が一挙に増加するという事態に備える構えを見せた。

治安維持法

第五〇議会では、普選法とともに、治安維持法が成立した。一九二五年四月二二日に公布、五月一二日に施行された治安維持法は七条からなり、第一条は「国体を変革し又は私有財産制度を否認することを目的として結社を組織し又は情を知りて之に加入したる者は一〇年以下の懲役又は禁錮に処す」とされる。また、勅令一七五号(一九二五年五月八日)により、朝鮮、台湾、樺太にも治安維持法が施行される。

一九二五年の新聞を繰るときには、普通選挙関係の記事とともに、治安維持法にかかわる記事が多く目につく。『東京朝日新聞』のばあい、牧野英一「治安維持法案」(二月一九日)など、批判的な論評を掲載するとともに、社説(一月一七日)でも正面から反対した。「社説」では、治安維持法の取締りの実際は「人権蹂躙人権抑圧」となり、国民の思想生活は警察取締りの対象とされ、集会結社の自由は無きに至ると述べた。さらに、労働組合法が制定されず、同盟罷業権も認められていない現状では、労働組合そのものが治安維持法の対象にみなされかねず、「護憲三派の内閣が普通選挙法と並べて、此《かく》の如《ごと》き治安維持法を出したる矛盾撞着の愚を貽《のこ》さざらん」と厳しく論及した。『改造』（一九二五年四月）も巻頭に「治安法案は既成政党を埋葬す」を掲げ、大山郁夫をはじめ、多くが治安維持法に反対を表明した。

革命後の治安立法

治安維持法の上程は、第一次世界大戦とロシア革命後から高揚する社会運動や社会主義運動への対策だが、背後には、アメリカの無政府主義取締法をはじめとする世界的な治安立法の制定の動きがあった。また、朝鮮制令（一九一九年四月）をはじめ、日本の治安立法の試みの系譜もある。第四五議会（一九二二年）には、過激社会運動取締法案が出され、「無政府主義、共産主義其の他に関し朝憲を紊乱《びんらん》する事項」の実行や宣伝の取締りを図ろうとした。しかし、この法案に対しては、二〇社におよぶ新聞通信社が「過激法案反対新聞同盟」を結成し反対するほか、吉野作造、福田徳三、長谷川如是閑、末弘厳太《いずた》郎《ろう》らや、自由法曹団、日本弁護士協会も反対した。国民党、憲政会も反対に廻り、法案は審議未了に終わる。

さらに治安維持法制定は、直接的には、一九二五年一月に批准された日ソ基本条約によるソ連との国交樹立の影響も見逃せない。基本条約第五条の宣伝禁止条項と治安維持法案の関連が取りざたされ、枢密院での審議のほとんどの時間は、共産主義運動の取締りをめぐって費やされる。おりしも、早稲田大学軍事研究団事件（一九二三年）、小樽高商事件（一九二五年）など反軍国主義と反国民統合の動きもあった。最初の治安維持法の日本本土での適用は、京都学連事件(一九二六年一月)であり、学生の思想や社会運動への取締りを狙ったことは自明である。

反対運動と成立

治安維持法案は、一九二五年二月一九日に、衆議院本会議が突如議題とする。だが、法案には議会外での反対運動がみられた。一九二五年一月三〇日に、総同盟を中心に二一の労働団体の代表者が集まり、悪法案反対同盟会を結成し、中心的な役割を担う。労働団体(総同盟系および反総同盟系)をはじめ、日本農民組合、社会主義団体、水平社、在日朝鮮人団体のほか、自由法曹団、新聞記者などが参加し、二月一日には政治批判大演説会のもとに大山郁夫、布施辰治、長谷川如是閑らの演説会が開かれた。政党も、革新倶楽部は治安維持法に反対の意向を示し、尾崎行雄、清瀬一郎、星島二郎、湯浅凡平らのほか、政友会の有馬頼寧《よりやす》、安藤正純らが反対し、さらに実業同志会、中正倶楽部も反対した。

しかし、法案は、賛成二四六人、反対一八人の圧倒的多数で衆議院を通過し(三月七日)、貴族院に上程され三月一九日に可決した。貴族院での反対は、徳川義親《よしちか》のみであった。

包摂と排除の体制化

一九二五年にできあがった「普選—治安維持法体制」は、第一次世界大戦後における統治機構の再編成の帰結である。

貴族院・枢密院改革、労使関係・小作関係の立法化や、原敬内閣以来の社会の再編成と関連した一連の流れが、選挙法と治安法として纏《まと》め上げられた。一方では、政党を「政治的支配階級の一分肢」から「国家意志決定の中心」とする改変であり（渡辺治「日本帝国主義の支配構造」）、他方では、選挙権の付与により人びとを「国民」として自覚させ、主体的に国家との一体化を促し、それに従わないものを排除する。統合（普選）と排除（治安維持法）により選別的に「国民化」を図る。こうした、いわば一九二五年体制は、帝国の政策に批判的な人びとに対し、参加し妥協しながら部分的な批判をするか、排除されながら全面的・原理的な批判をするかという難しい選択をせまることとなる。

そもそも、労働組合の活動家や社会主義者に普選運動への批判的な態度が見られたことは、この点と関連している。当初は、山川均も「無産階級運動が議会主義によって去勢せられる危険」を指摘し、普選運動に否定的であった（「普通選挙と無産階級の戦術」『前衛』一九二二年三月）。さらに、過激社会運動取締法案への反対運動にも、彼らは熱心ではなかった。

だが、山川は、このあと大衆運動への関与をいうようになる（第3章第4節参照）。このためもあったろう、一九二三年の三悪法反対運動（過激社会運動取締法案、労働組合法案、小作争議調停法案）には、労働週報社（平沢計七、山崎今朝弥《けさや》ら）を中心とし、労働運動家が積極的に参加し反対運動が展開された。もっとも、山川の議論が、他の社会主義者たちにすんなりと受け入れられたわけではない。参加と包摂、抵抗と孤立にかかわり、デモクラシーのあり方が問われるあらたな事態が出現している。

また、女性や植民地の人びとは最初から「二流の国民」である。女性に対しては、参政権とは別の形で国民化を図る統合が実践される。一九二四年八月から内務省の主催で展開された勤倹貯蓄奨励運動は、講習会・講演会の開催や勤倹奨励週間を実施するが、民間で森本厚吉らが展開した生活改善運動と触れ合いつつ、半官半民の性格をもつ国民運動となる。婚儀葬祭は「簡易」、服装は「質素」を旨とし、応分の貯蓄をすること、また、「主婦の覚醒と家庭生活の改善」などがいわれた。生活の合理化を通じての国策への参与であり、参政権を付与されなかった女性の国民化が試みられる(小山静子『家庭の生成と女性の国民化』)。

第6章　恐慌下の既成政党と無産勢力

1928年2月20日，普通選挙法による最初の総選挙が実施された．有権者がこれまでの4倍となり，関心も高く，投票所には長い行列がみられた（鶴舞中央図書館蔵）．

1　歴史の裂け目

ラジオの中の改元

大正天皇の病状が最初に伝えられたのは、一九二六(大正一五)年一一月三日のことであった。一二月一八日には重態の報道となり、以降は連日のように病状を知らせる号外が出された。葉山御用邸で伏している天皇のそばには閣僚たちが詰めていた。大正天皇は一九二六年一二月二五日に死去し、枢密院で新しい元号が制定され、「昭和」と改められた。『東京朝日新聞』(一九二六年一二月二五日)は黒枠を付し、いつもは広告で占められている第一面に「天皇崩御」の記事を掲げた。

ラジオの活躍もめざましい。一九二五年に東京、大阪、名古屋で放送局が開局し、翌年八月には、日本放送協会が設立された。すでに大正天皇の容態の速報も行っていたが、東京中央放送局は一九二七年二月七、八日に新宿御苑で行われた大葬で葬列が移動する様相を実況放送した。番組はニュース、天気予報などにとどめ、演芸放送を自粛し、奏楽「哀《かなしみ》の極《きわみ》」が流された。午後六時半に「霊轜《れいじ》鹵簿《ろぼ》は唯今、赤坂見附を御進御になって居ります」と告げ、六時五四分には「青山御所御正門附近に近づきました」とアナウンスした(竹山昭子『ラジオの時代』)。

昭和天皇の大礼(即位の礼、一九二八年一一月)には、東京、仙台、名古屋、大阪、広島、熊本の各放送局が実況放送し、全国中継を行った。一一月六日の「京都行幸」から、大嘗祭《だいじょうさい》などほぼ一カ月にわたる儀式を中継し、さらに一二月の東京市大礼奉祝会も放送した。大礼をきっかけに、ラジオ体操が登場するなど、ラジオは大きな影響力を持っていく。

大葬と大礼は、かくして、この二年間に、全国民に「緊張と高揚」を強いた(中島三千男)。だが、柳田国男が大典に関する「もっとも悦ばしき特徴」として、参与した「国民」の数が多いことを挙げ、「交通と教育の力」とともに「新聞とラジオの報道」を指摘するように(「御発《ごはっ》輦《れん》」『東京朝日新聞』一九二八年一一月六日)、大典は新しいメディアを存分に利用していた。第一次世界大戦以降、ヨーロッパでは君主政治が崩壊しており、日本の天皇制も大正デモクラシーと大衆社会化を前に、何らかの対策は必至であった。すでに一九二一年三月から半年間、裕仁皇太子がヨーロッパ五カ国に外遊したのは、そのひとつの試みといえよう。大正天皇は、皇太子時代から韓国(一九〇七年)を含め各地への巡啓を行っていたが、裕仁皇太子も一九二三年に台湾、二五年に樺太を訪れ、全国的な巡啓を行っていた。その様子は、写真のほかに活動写真でも報じられた。

図 **6-1**　ラジオ放送を聴取する人びと(NHK サービスセンター蔵).

だが「大正」の終焉は、「明治」のときとは異なり、さほど大きな衝撃をみせてはいない。「昭和」の登場により、「明治」が前の前の時代となったという感覚がまさる。一九二七年には、明治天皇の誕生日である一一月三日が「明治節」として大祭日に制定された。

「明治節」の制定

このとき『キング』の別冊として刊行された『明治大帝』は、大きな売れ行きを見せる。「賜天覧」の朱印が押され、明治天皇・皇后の「御真影」が掲げられ、一四ページものグラビアが付された。また、「明治の御代の御治績を翼賛せられた文武の顕官名士」(「序」)として、明治天皇の側近者とともに、ときの首相・田中義一《ぎいち》をはじめ、政治家や軍人の顔が並び、五八編の文章が収録される。

こうした意識は、一九二〇年代後半に、あらたな時代が始まったという感覚と結びついている。「明治」を検討することにより、現時の位置を明らかにしようとの試みがなされる。同時に、日本近代の総過程を分析しようとする意図も見られる。そのいくつかを挙げてみよう。

明治文化研究会

まずは、一九二四年に、吉野作造、尾佐竹猛《おさたけたけき》、宮武外骨、石井研堂《けんどう》らが結成した明治文化研究会である。機関誌は当初『新旧時代』として一九二五年に創刊され(のち、『明治文化研究』『明治文化』と改題)、明治期を「旧時代」とし、「大正」という「新時代」の目でそれを紹介し研究するという姿勢をとった。吉野は、「明治文化の研究は決して時勢とかけ離れた閑事業ではない」(『新旧時代』二六年四月)といい、「明治憲法制定史」と「自由民権運動史」をテーマとした。研究会は、全二四巻の『明治文化全集』(一九二七〜三〇年)という大部の史料集を刊行し、「明治文化」の総括を試みた。

『大菩薩峠』と『鞍馬天狗』

第二は、この時期に登場した大衆文学で、好んで幕末維新期を取りあげ、あらためて六〇年前を振り返る。中里介山《なかざとかいざん》が、一九一三年から『都新聞』に連載を始め、執筆媒体は交替させながらも営々と書き続ける長編小説『大菩薩峠《だいぼさつとうげ》』は、盲目でニヒリストの剣士・机竜之助と、竜之助を兄の仇《かたき》とねらう宇津木兵馬をはじめ、旗本や富豪の女性、あるいは盗賊から芸人まで多様な人物が登場し、幕末維新の変動期を描く。江戸の打ちこわし、天誅組の乱、新撰組の活動などが書き込まれて、薩摩・長州の観点からの明治維新像を批判する。『大菩薩峠』は、この一九二五年前後に大きな評判を呼び、『中央公論』(一九二八年三月)は、「机竜之助の人間的興味」を特集し、新国劇の舞台でも上演された。

大仏《おさらぎ》次郎が、「鬼面の老女」(一九二四年)で登場させた鞍馬《くらま》天狗《てんぐ》も同様である。勤王の志士・倉田典膳が鞍馬天狗に扮し、新撰組など幕府方と対決し「新しい世の中」を目指す物語となる。その新撰組に関しても、子母澤寛《しもざわかん》による聞き書きがなされた。

『夜明け前』と歴史研究

第三は、島崎藤村《とうそん》の長編小説『夜明け前』。一九二九年四月から六年間にわたり『中央公論』に連載した作品で、ペリーの来航から大政奉還を経て、維新のかたちが見えてくる一八八六年までを描く。木曾路の宿場・馬籠《まごめ》で代々、本陣と庄屋、問屋を兼ねた青山家の半蔵を主人公とするが、平田派の国学に心を傾ける半蔵は、藤村の父親がモデルとされ、地域の定住者の眼から見た明治維新像を提供している。半蔵が持つ明治の世への「不安」は、藤村の一九三〇年前後の不安に重ねられている。

そして、第四には歴史家たちで、東京帝国大学の史学会は論集『明治維新史研究』(一九二九年)を刊行した。アカデミズムの研究だが、論集に収められた羽仁《はに》五郎「明治維新史解釈の変遷」は、マルクス主義の立場に立つ「科学的客観的なる解釈」を提示し、現状批判と重ねあわせ、批判的な明治像を提供する。第五には、皇国史観もその姿をあらわす。幕末期の思想家・大国隆正《おおくにたかまさ》や佐藤信淵《のぶひろ》らにあらたな光があてられ、『佐藤信淵家学全集』(全三巻)が一九二五〜二七年にかけて刊行される。佐藤信淵の思想を「国家社会主義的」とする大川周明『日本精神研究　第二』(一九二四年)も出された。皇国史観をもつ歴史家・平泉澄《きよし》の『国史学の骨髄』が刊行されたのは、一九三二年のことである。

いずれも立場は異なるものの、明治維新以来の「近代」が展開してくるなかで、一九二〇年代後半から三〇年代の「いま」に時代の切れ目を見ようとしている。

円本ブーム

そして、その歴史認識を大衆小説や大衆雑誌などの器を用いて描き出している。

円本《えんぽん》ブームのきっかけとなった『現代日本文学全集』(改造社)は一冊一円で、全六三巻の構成をもつ膨大なものだが、これまた同時代文学の歴史化と整理であった。尾崎紅葉をはじめ、この全集に収められた作家は、「日本文学史」のなかに位置づけられることを意味した。この全集のあとにも、世界文学をはじめ、さまざまな種類の大部の円本全集が出される。

一九二〇年代後半の心的な光景には、さらにふたつの特徴を指摘することができる。

前世代への反逆

ひとつは、前の世代との切断の感覚である。北海道の小樽で、仲間九人で旗揚げした小さな雑誌に探ってみよう。題して、『クラルテ』。フランスの作家アンリ・バルビュスの反戦小説の題名を借りたこの同人雑誌は、わずか三二ページで、真っ白な表紙に赤字で題名と号数を記すだけの装丁だが、若き日の小林多喜二《たきじ》が参加している。

『クラルテ』同人は、「仲間同志の精神の創作化」と、商業的な「パヤパヤ雑誌の撲滅」をいい、既成のものに敵対する激しい情熱を持つ。菊池寛や久米正雄らの名前を挙げながら中央文壇を批判し、「地方同人誌」のなかにそれを圧倒する作品があるといい、青年の自負心をたっぷりと主張する（第四輯、一九二五年二月）。「所謂大家が既成の文壇に立っている事と、名もない文学青年が、地方同人雑誌に拠る事には、既に大きな、ハンデキャップがつけられている」。だが、読者は「此《こ》の溝」を取り去ってみれば「その一青年の作品の中に新時代の素晴しい光明を見出すであろう」と述べる（「仲間雑記」第三輯。署名は、「正策」）。一九二〇年代後半の青年たちの、既成のものへの怒りと、自らの世代の自負心とが凝縮されている。

いまひとつ、一九二〇年代後半の知的な世界の現象として、マルクス主義の台頭が見逃せない。『大阪毎日新聞』が識者に「マルクス主義書籍の洪水」についてアンケートをとったとき、山川均は「マルクス、レ《(マ》ニ《マ)》ズムの書籍が片端から反訳されてゆく有様」は、他の多くの国にも「類例」がなく「素晴しい光景」とし、日本の社会生活のうちに「豊かな肥料を残す」はずであるという(一九二八年四月九日)。大宅壮一は「普選に刺激されて、社会問題研究が著しく一般化し、更に無産党内における多くの対立が理論の分化を甚しく助成したため」と述べた(四月一六日)。

マルクス主義の台頭

マルクス主義者として、福本和夫《ふくもとかずお》は「「方向転換」はいかなる諸過程をとるか我々はいまそれのいかなる過程を過程しつつあるか」(『マルクス主義』一九二五年一〇月)を書き、のちに福本イズムと呼ばれる社会運動の「結合」の前の「分離」を主張し、理論闘争を強調した。社会運動の分離結合論は、社会運動を分断してしまうことになるが、福本は社会運動の新世代としてさっそうと登場していた。一八七〇年代生まれの堺利彦らに代わり、一八九〇年代生まれで当時三〇代のマルクス主義者である福本(一八九四年生)が、若手の理論家として現れてきた。

「社会主義は闇に面するか光に面するか」(『改造』一九二四年七月)を書いた櫛田民蔵《くしだたみぞう》(一八八五年生)や、『特殊部落一千年史』(一九二四年)を著わした高橋貞樹(一九〇四年生)もそうした若き世代のマルクス主義者である。高橋は、一九三一年に論文集『日本プロレタリアートの問題』を発刊し、日本の侵略とあわせて、中国の「国民ブルジョアジー」を批判し、階級的な立場からの議論を展開した。

2　既成政党と無産政党

中国国民革命の高揚

一九二〇年代後半の中国の状勢は流動化が激しい。北方を抑える軍閥と、南方に位置する国民党に加え、一九二一年に結党された中国共産党が力を増してきた。さらにこの勢力地図に、日本軍部も入り込む。奉天（瀋陽）軍閥で日本軍の支持する張作霖と、北京を掌握していた直隷軍閥・呉佩孚《ごはいふ》とのあいだで、第二次奉直戦争（一九二四年九月）という内戦が起こる。列強と協力し、協調外交をとる、ときの外務大臣・幣原喜重郎は事態に不干渉政策をとった。しかし、日本軍部は陰で画策して直隷軍閥の馮玉祥《ふうぎょくしょう》にクーデターを起こさせ、張作霖を勝利させた。

軍閥が互いに対抗するなかで、孫文は、一九二四年一月に国民党と共産党の協力体制（第一次国共合作）を実現した。さらに、孫文は「国民会議」の招集を呼びかけ、軍閥打倒や国内統一を図る。孫文は翌年三月に死去するが、一九二六年七月に国民党の蔣介石《しょうかいせき》が軍閥打倒の「北伐」を宣言し、広東から国民革命軍を進めた。一九二七年二月には武漢国民政府を樹立し、さらに南京に進行する。だが、蔣介石が、上海の共産党員を逮捕・虐殺した事件(四・一二クーデター)をきっかけに、国民党と共産党の対立が顕在化する。加えて、国民党内の左派(武漢)と右派(南京)の対立もあった。

こうした中国情勢の激動のなかで、政友会は、一九二五年四月一三日に陸軍大将の田中義一を総裁に迎える。この動きは、内政面では護憲三派の協調を支えていた横田千之助《せんのすけ》(政友会)の方針が変更されたことを意味する。政友会は、田中新総裁のもとで、再び積極政策・地方利益重視を図り、他方、憲政会は都市部を重視し、社会政策を推進する。加えて、革新倶楽部、中正倶楽部が政友会に合流し(五月一四日)、それに反対の尾崎行雄、湯浅凡平らは、中正倶楽部の残留者とともに新正倶楽部を結成した。

かくして、内政も外交も変動の要因が多様であるが、ここに恐慌が直撃する。

若槻内閣と金融恐慌

加藤高明が病気で没したあとを継いだ、憲政会の若槻礼次郎内閣(一九二六年一月三〇日に成立)は、第五二議会(一九二七年一月)に震災手形処理にかかわる法案を提出した。震災手形とは、関東大震災の混乱で決済の目処が立たない手形に対し、それを担保として日本銀行が市中銀行に貸出しをしたものである。だが、震災後三年をすぎても手形の決済が進まず、不良手形が多いため、政府が不良債権の手形を抱え込む銀行の整理を図った。こうしたなかで、一九二七年三月に金融恐慌が勃発する。

きっかけは、片岡直温《なおはる》蔵相の「失言」である。片岡が、不良銀行として東京渡辺銀行の名前を出したことで、東京や横浜の中小銀行に預金者が殺到し、取り付け騒ぎが起こる。騒ぎは各地に波及し、休業する銀行が続出した。華族銀行といわれた十五銀行も休業となり、ある預金者は「私の脳の核がキリキリと痛みを覚えて、咽喉《のど》のつまる感じがした」とその衝撃を述べる（大阪朝日新聞経済部編『金融恐慌秘話』一九二八年）。もっとも、この失言の背後には、政友会と憲政会の政争があったともいう。松島遊郭の移転に憲政会の長老が賄賂を受けたとされる松島事件や、社会運動家の朴烈とその妻の金子文子が天皇暗殺を計画したとして逮捕されたが、二人の「怪写真」が出回った朴烈事件などで、双方は激しくやりあっていた。

さらに、台湾銀行が莫大な震災手形を有し、その大半が破産寸前の鈴木商店にかかわることが判明した。市中銀行が貸出金を回収したため、台湾銀行は窮地に陥った。この事態に対し、若槻内閣は、非常貸出しを行い台湾銀行を救済する緊急勅令案を上程する。しかし枢密院が否決、台湾銀行は休業し、連鎖的に関西地方を中心に三七行もの銀行が休業した。企業の倒産も相次ぎ、失業者があふれる事態となった（金融恐慌）。

田中義一内閣の誕生

若槻内閣は総辞職し、後継には、政友会の田中義一内閣が登場する（一九二七年四月二〇日）。政界の裏面で行動し、元老とのパイプ役であった松本剛吉《ごうきち》の一九二七年四月一七日の日誌では、「憲政の常道に依り、田中男〔義一〕に大命の降下あるを以て至当とする」と牧野伸顕内大臣が述べたとされる(『大正デモクラシー期の政治』)。田中が外相を兼任し、陸海相、司法相のほかは、政務次官、参与官まで政友会会員とした。

田中内閣は三週間のモラトリアム(支払猶予令)を出し、日本銀行に九億円もの非常貸出しをさせることで、金融恐慌をのりきる。また、台湾銀行の救済案(否決された緊急勅令案と同内容)も出された。この後、銀行の整理合併が進み、五大銀行(三井、三菱、住友、安田、第一)への預金が集中する。中小の地方銀行としか取引きのできない中小商工業者は、資金繰りに困窮し、「旦那衆」が厳しい状況に追い込まれていく。さらに、地方銀行の破綻は民本主義の地域的な基盤の崩壊を意味し、地方新聞が衰退する事態を生む。

第一次山東出兵

田中内閣の焦点は、何といっても外交問題である。一九二七年五月に、国民革命軍が華北・徐州を占領したときに、田中内閣は、山東省とくに済南《さいなん》の「在留邦人」を保護するとして第一次山東出兵(五月二八日〜九月八日)を行う。国民革命軍の勢力が「満州」や山東省にまで及ぶことを警戒しての行動である。この強硬姿勢を支持したのは、政友会とともに実業家であり、対支商権擁護連盟(紡績連合会、日華実業協会)は、中国での対日商品ボイコット、日貨排斥に対抗して出兵支持の態度をとった。

また、田中首相は、一九二七年六月二七日から七月七日まで、外務省、大蔵省、陸海軍省の首脳、駐華公使(芳沢謙吉《よしざわけんきち》)や奉天総領事(吉田茂)ら各地の総領事、関東庁長官、朝鮮総督府代表者らを集め「東方会議」を開催する。強硬論者の森恪《かく》・外務政務次官が主導権をとり、会議の結果は「対支政策綱領」として発表された。「満蒙」に「我邦として特殊の考量」を求め、「帝国の権利利益並在留邦人の生命財産」が「侵害」される惧《おそ》れがあるときには「断乎として自衛の措置」に出るとした。また、中国から満州地域を分離する「満蒙分離策」も提示した(『日本外交年表並主要文書』下)。ここに、憲政会の外交政策であった協調外交(幣原外交)は、武断的な外交(田中外交)へと転換された。

他方、出兵には、無産勢力を中心に反対の声があがり、五月三一日に対支非干渉同盟が結成され、「対支出兵に絶対反対せよ! 帝国主義戦争の誘発に対して戦へ!」(『無産者新聞』一九二七年五月二八日)と呼びかけられた。非干渉同盟は、一九二七年七月から八月にかけ出兵反対週間の提唱や、中国視察団派遣運動を行った(実際には、視察団が全員検束され、実施されず)。

第二次出兵と張作霖爆殺

翌一九二八年、いったん停止されていた北伐が再開され、蒋介石の国民革命軍が山東に進出したため、田中内閣は四月一九日に第二次山東出兵を行う。さらに、済南において日中間で軍事衝突が起こり市街戦となったため(済南事件)、五月八日に済南に出兵を行う(第三次山東出兵)。

出兵とともに、現地の日本人が「虐殺」されたという報道がセンセーショナルになされ、たとえば「婦人の死体」が「全身」を斬りさいなまれ「酸鼻の様正視に堪えず」(『読売新聞』一九

図 **6-2** 1927年からの日本の山東出兵に対し，中国各地で反対行動が起きた．写真は上海での抗日運動（『東方雑誌』）．

二八年五月六日）などと報じられた。『大阪毎日新聞』（五月九日）の「済南事件写真画報」号外は、助けを求める日本人、武装解除させられた中国兵、日本軍の戦闘などの写真を掲げている。また、上海などでの不買同盟や日貨排斥など、日本批判の運動に関しても、「排日風潮益々高し」（『東京朝日新聞』五月八日）などと、みずからの行動は点検せずに一方的に中国を非難した。

こうしたなかで、張作霖が、奉天郊外の京奉・満鉄鉄道の交差点で、列車ごと爆破される事件が起こる（一九二八年六月四日）。鉄橋の下に爆弾が仕掛けてあったといい、関東軍の高級参謀・河本大作《こうもとだいさく》が、張作霖に見切りをつけ仕組んだ陰謀であった。河本は、混乱に乗じ、日本軍の出兵と南満州の占領を画策していた。

事件の真相は、陸軍や政界上層部には伝わったが、田中は現地軍を処罰できなかった。民政党は「満州某重大事件」として、田中を追及した。結局、田中内閣は、軍を引き揚げ、蒋介石の国民政府を正式承認した（一九二九年六月三日）。

このとき、政党政治の時代として無視できないことは、無産政党の存在である。政治の再編は、普通選挙の実施が間近になり無産政党が準備されたことにはじまり、政界に批判的勢力としての無産政党が登場したことの意味は大きい（図6－3）。

無産政党の結成

無産政党の結成は、関係者にとり感激もひとしおで、一九二五年一二月の農民労働党の結成時には、みな頰を紅潮させ、なかには壇上でオイオイと泣き出したものもあったという（鈴木茂三郎《もさぶろう》『ある社会主義者の半生』）。もっとも、同党は、わずか三〇分で解散を命ぜられた。

翌一九二六年三月に、労働農民党（労農党）が結成される。綱領は、「わが国の国情に即し、無産階級の政治的、経済的、社会的解放の実現を期す」「合法的手段により、不公正なる土地、生産、分配に関する制度の改革を期す」「特権階級のみの利害を代表する既成政党を打破し、議会の徹底的改造を期す」という。当初は混乱がみられたが、労農党は、左派が党内を掌握し大山郁夫を委員長とした。

このとき同党を脱会した右派は、総同盟や吉野作造、安部磯雄、堀江帰一《ほりえきいち》らを中心に、一二月に社会民衆党（社民党）を結成する。社民党の綱領は、「特権階級を代表する既成政党」とともに「急進主義の政党を排す」との一項をもつ。しかし、このかん、総同盟が分裂し、同じ一二月に日本労農党（日労党）が結成される。日労党の綱領は、労農党とほとんど変わらない。さらに、一二月には、山形県五色《ごしき》温泉で、密かに日本共産党（共産党）も再建され、一九二六年には、左派から中間派、右派に加え、地下の共産党まで無産政党が出揃った。一九二七年九月から一〇月にかけ、府県会・市会議員選挙が行われ、初の普選が実施されたが(京都府舞鶴町、浜松市など)、無産政党の立候補者は二〇四人、そのうち当選者は二八人であった。

最初の普選総選挙

一方、既成政党の側にも動きが見られた。一九二七年六月には、野党である憲政会と政友本党とが接近し、民政党が結成された。総裁は浜口雄幸、顧問に若槻礼次郎、床次竹二郎が名を連ね、与党・政友会の議席を大きく上回った。ときの田中内閣の内相・鈴木喜三郎は、民政党系の知事三七人を更迭し、警察部長四四人を異動し総選挙に備えた。そして、一九二八年一月二一日に再開された第五四議会の劈頭に、議会は解散された。

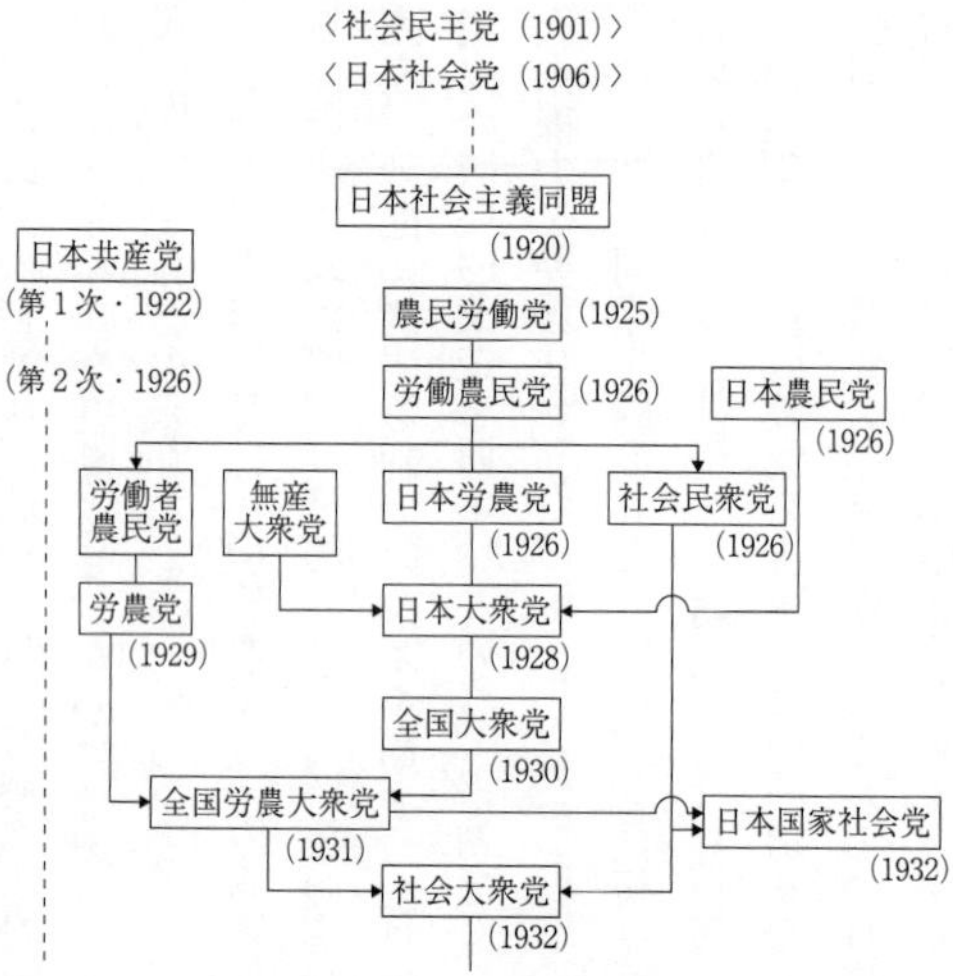

図**6-3**　無産政党の変遷

既成政党と無産政党の対抗、および既成政党間、無産政党間の対立をはらんだまま、一九二八年二月二〇日に、普通選挙法による最初の総選挙が実施された。各党はスローガンを掲げ、ポスター、宣伝ビラが大量に出され、大衆社会に見合った選挙戦が展開された。

定数四六六人のところ、九五七人が立候補し、そのうち過半数の五三四人が「新顔立候補」であった（『東京朝日新聞』二月一〇日）。政友会は、産業立国の積極政策を訴え、地方分権や地租委譲を掲げ、これに対し、民政党は、社会政策の実施、米価調節や財政整理、自作農維持などを主張した。また無産政党は、労働者に仕事、農民に土地を保障するように要求し（労農党）、生活権を擁護することをいい（日労党）、富豪に重税を課し、貧困者は減税するように訴えた（社民党）。田中内閣の打倒や、既成政党の打破、徹底的な普選の獲得も求められた。

二月三日には、朝日新聞社主催で、各政党代表者講演会が開かれ、安部磯雄（社民党）、床次竹二郎（民政党）、麻生久（日労党）、三土忠造《みつちちゅうぞう》（政友会）、大山郁夫（労農党）といった面々が講演した。「既成政党の大立者」と「無産政党の首領」とが、同じ壇場から同じ聴衆に対し、その主張や政綱、政策を説く試みで、有権者に選挙の重要さを自覚させることも図っていた。

もっとも、無産政党代表の麻生は七分、大山は五分で演説を中止させられ、こもごも「言論圧迫」を訴えている（『東京朝日新聞』二月四日）。

選挙干渉は、すさまじかった。ことに無産政党に厳しかったため、無産政党は合同で抗議書を出している。また、民政党までも、政府の暴圧に抗議し、選挙後の第五五議会では、選挙干渉の責任者として、鈴木内相が弾劾された。

投票日

投票日は、月曜日であったため、工場懇話会などの団体は、休日を選挙当日に振り替えるか、「投票時間」を与えることを要求する(『東京朝日新聞』一九二八年二月三日夕刊)。投票日当日、『東京朝日新聞』は、「一票の行使のために政治戦線は力ある動を見せ、かくてその帰着する所は即ち普選大衆の「断」の一字を下し、我国民政治の動き行く大道は打開される」と、「国民」自らの手によって「国民政治」の方向が決定されることをいい、新有権者の自覚を促した。このときの朝鮮人の有権者は八府県で九九八三人、東京では一〇八五人、台湾人は約一五〇人(東京)とされている。

選挙の結果は、政友会は二一七人、民政党は二一六人、そして八人の無産党代議士(社民党四、労農党二、日労党一、地方無産党一)が当選した。「二大政党対抗」と「無産党」という構図が見られ、無産政党(日労党と社民党)は提携して、議会に治安維持法撤廃と徹底的普選法を出すとした(同二月二四日夕刊)。こうした普選の結果に対し、記者は、既成政党は「果して選挙人を動かすに足る政策があったか」と問い、「大衆はおぼろ気ながら自分に呼びかけ得る政党のくるのを待っている」という(「普選を見る」同二月一九日)。

共産主義運動の弾圧

だが、普選の実施に合わせるようにして、一九二八年三月一五日に、三・一五事件、翌年には四・一六事件が引き起こされる。三・一五事件では、治安維持法違反容疑で共産党員などの活動家を検挙したのに加え、労農党、日本労働組合評議会(評議会)、無産青年同盟の三団体に結社禁止を出す。普選の大枠をつくりあげ、議会制のなかに社会運動を取り込むかたわら、そこに包摂されない左派の運動を排除・弾圧した。

三・一五事件は、一カ月後の四月一一日に「記事一部解禁」がなされたが、『大阪朝日新聞』(四月一一日)は、「「日本共産党」の大検挙」「全国にわたって一千余名　秘密結社の一大陰謀暴露す」との大見出しを掲げた。連座した学生や河上肇(京都帝大)、大森義太郎《よしたろう》(東京帝大)ら「左傾教授」の処分をめぐり、文部省と大学当局とのあいだで悶着が見られた。多くの検挙者を出した新人会は、大学当局の勧告を受け一九二九年一一月に解散した。

水野錬太郎文部大臣は「国体観念涵養に関する訓令」を発し、「光輝あるわが国体に由来せる国民道徳」を「涵養」し「国民精神」を「作興」することは「文教の根幹」とした(『大阪毎日新聞』一九二八年四月一七日)。

さらに、第五五議会(一九二八年四月)に田中内閣は、治安維持法の改正案を提出する。審議未了となったため、改正は緊急勅令で出されたが(六月)、「国体変革」の罪には最高刑を死刑にし、対象範囲を「結社の目的遂行の為にする行為を為したる者」とした。罰則を厳しくし、目的遂行罪を新設し、恣意的に利用できる規定を付け加えた。旧労農党の山本宣治《せんじ》は「無産党議員としての戦闘が不充分であった」と述べている(『読売新聞』一九二八年五月八日)。

一九二九年一月、緊急勅令の事後承諾を求める第五六議会では、山本宣治が議案に真っ向から反対し、予算委員会でも拷問について質問し政府と警察を追及した。また、水谷長三郎(旧労農党)、斎藤隆夫《たかお》(民政党)、浅原健三(九州民権党)らも事後承諾案に反対したが、三月五日に賛成二四九、反対一七〇で可決される。反対演説に立つはずであった山本宣治(政権獲得同盟)には、機会が与えられず、その日の夜に、山本は右翼によって暗殺されてしまった。

3 緊縮・統帥権干犯・恐慌

浜口雄幸内閣と金解禁

田中内閣は、張作霖爆殺事件の関与者の処分に躓《つまず》き、昭和天皇の叱責を受け信任を失ったとして、一九二九年七月二日に総辞職した。即日発足した民政党の浜口雄幸内閣は、外相に幣原喜重郎、蔵相に井上準之助《じゅんのすけ》、陸相には宇垣一成が就任し、政治の公明、綱紀粛正、軍縮促進など十大政綱を決定し、とくに金解禁、緊縮財政、外交の刷新に重点を置いた。

金解禁は、一九一七年に停止した金輸出を、一九三〇年一月より実施すると予告する。金輸出を禁止したままでは、通貨や物価の「自然の調節」が行われず、為替相場が「常に変動して止まぬ」というのが井上蔵相の説明であった。井上は、金解禁により輸出を伸張させ、海外投資を行い日本経済の安定的な発展を図る（「国民経済の立直しと金解禁」一九二九年）。浜口内閣は、金解禁の準備として緊縮財政をとり、物価を引き下げ、正貨を準備する。国際的な競争力をつけるため、企業の整理と合理化を行い、輸入の抑制や低賃金政策、消費節約の運動も推進した。

また、浜口内閣は、高等官・判任官の俸給の一割前後を減俸し、恩給法改正も行う官吏減俸案を打ち出す。行政改革にも着手し省庁の統廃合を計画したが、官吏減俸案、省庁統廃合案ともに強い反対にあい撤回することとなった（官吏減俸は一九三一年六月から実施）。さらに、一九二九年に救護法を出し（一九三二年施行）、貧窮者の救護を国家の義務とした。いったいに民政党は社会政策を重視しており、一九二八年一月の党大会では、社会政策を第一にあげ「労働者生活の向上」をいう。

だが、こうした浜口内閣の政策に対し、『改造』（一九二九年八月）は、政策批判の小特集を行い、緊縮政策による失業の増加を憂うる。総同盟の機関誌『労働』（一九二九年八月）はさらに厳しく、浜口内閣が「資本家の利益」を「擁護」していると追及した。

官僚の新思考と社会政策

浜口内閣で、産業合理化の政策を推進したのは商工省である。一九二五年三月に農商務省が、農林省と商工省とに分けられ設置されたが、局長の吉野信次《しんじ》と下僚の岸信介《のぶすけ》が中心的に政策を担う。吉野信次は、吉野作造の弟で、商工官僚畑を歩いていた。また、岸は、東京帝国大学で上杉慎吉の講座に出席し、北一輝に傾倒、商工省に入ってからは、ワイマール共和国の産業合理化政策を実地に見聞した。彼らは、社会に計画性を持ち込み、国家主導の統制による改造を意図する。

内務省にも、あらたな動向がみられた。内務省社会局の安井英二《えいじ》は、労働組合を公認し、労働者の団結権や争議権を承認し、そこに立脚した労働政策を試みる。もっとも、内務省社会局で立案した労働組合法案は、日本工業倶楽部などの資本家団体や、他の官僚たちの批判により変質を迫られた。労働組合法案は、骨抜きにされたものが第五九議会(一九三〇～三一年)に出され、この案すらも貴族院を通過しない。だが、安井の試みは、労働者の人格権の要求に対応するもので、労働運動の高揚という事態への官僚からの対処であった。

さらに、文部省も「思想国難、経済国難」への対応策として、教化総動員運動を開始する。また、一九三一年には文部省により、地域婦人会や母の会などを統合し、女性の動員の本格化を図る団体として大日本聯合婦人会が結成される。「大日本聯合婦人会宣言」は、家庭を「心身育成」「人格涵養」の「壇場」とするため、「家庭教育の振興」を図り、「国民教育」を大成し、「国運の進展」に資することをいう（相京伴信『沿革史』一九四二年）。

かくして、浜口内閣期には、大正デモクラシーの思想と運動に接し、旧来の社会関係の改造を試みる官僚たちが出現している。これらの官僚は、大正デモクラシーの運動主体である「民衆」（労働者や農民、女性たち）の要求を包摂し、国家主導で社会改造を行う政策を立案し、その実現を試みる。

田中内閣が、強硬外交と弾圧的な内政を行い、大正デモクラシーへの反動を体現したのに対し、浜口内閣は大正デモクラシーに沿い、社会政策を企図し協調外交を行う。むろん、社会政策は国民統合の要素を持ち、協調外交も「西洋」帝国主義との協調であり、「民族」の立場は無視されている。しかし、大正デモクラシーの旋風を受けた内閣ではあった。

だが、その浜口内閣には、社会統制に向かう官僚群が胚胎していた。大正デモクラシーそれ自体が社会的な統合の論理を孕み、社会を統制する動きを生み出していくのである。

昭和恐慌と生活難

一九三〇年前後は世界的な転形期となった。引き金は、世界恐慌である。「暗黒の木曜日」といわれる、一九二九年一〇月二四日のアメリカでの株価の暴落は、全土に失業と貧困をもたらすとともに、世界各地に拡大する。翌年には、金融恐慌による経済の沈滞が払拭できずにいた日本にも波及し、さらなる恐慌が見舞った。

この昭和恐慌は、緊縮政策により失業者が増大し、国民総生産が大きく落ち込んでいるさな

図6-4　1929年に，東京市社会局が失業対策として，日雇い労働者の登録を開始した(『図説昭和の歴史』3).

かの出来事であった。金解禁とも重なり、正貨が大量に流失して国際収支が悪化し、株価と物価も暴落する。一九三〇年四月一一日には、東京株式取引所が立ち会い停止となり、工場閉鎖や倒産が相次ぎ、失業はますます深刻となった。

昭和恐慌のもとでは、生糸の価格下落が甚だしく、養蚕を副業としていた農家は直撃され深刻な影響を受ける。輸出の多くを占めていたアメリカへの生糸輸出も、需要減のために著しく減少した。また、中国やインドへ向けての綿糸の輸出も激減した。現金収入の道が絶たれた農家に、さらに米価の暴落が追い討ちをかける。一九三〇年は豊作で米価は下落し、翌年には凶作飢饉となった。東北地方の農村を中心に恐慌は本格化し、娘の「身売り話」や「欠食児童」の話が取りざたされ、農学者の那須皓《なすしろし》はその苦境を「悩みの豊作」(『東京朝日新聞』)に連載した。

『綴方《つづりかた》教室』で著名となった豊田正子の父親はブリキ職人であったが、仕事のない日々が続き、一九三一年に夜逃げをするようにして、東京市内から郊外に転居している。豊田の小学校の担任の大木顕一郎は、豊田一家が「堤防よりも低い屋根」の長屋に居住していたと述べている(大木・清水幸治『綴方教室』)。また、俳人の種田《たねだ》山頭火《さんとうか》は、宮崎県延岡に立ち寄ったとき、子どもがみな跣足《はだし》で学校に行くことを日記に記す――「跣足の子供らがお辞儀してくれた」(一九三〇年一〇月三一日)。

また、沖縄では、第一次大戦後の戦後恐慌以来、「ソテツ地獄」と呼ばれる惨状が展開していた。ソテツは飢饉の際の非常食とされるが、有毒成分が含まれ、調理が不充分なときには腹痛や嘔吐を惹き起こし、死にいたることもある。

「ソテツ地獄」のなかで、沖縄からは「内地」への出稼ぎや海外移民が増加している。女性は、阪神工業地帯の製糸業や紡績業への従事者が多い。また、フィリピンを筆頭に、ブラジルやペルーに渡り、砂糖やコーヒー園の労働者となるもの、サイパンをはじめとする南洋群島への移民も多く見られる。こうしたなかで、親泊康永《おやどまりこうえい》『窮乏日本の新興政策』、新城朝功《あらぐすくちょうこう》『瀕死の琉球』などをはじめ、「沖縄救済論」がさかんに議論された。

政友会と無産政党

一九二〇年代後半以降、恐慌と名望家層(「旦那衆」)の自信喪失とともに、次節でみるように「改造」の運動が急進化し、労働者や農民が前面に出ることが多くなり、社会運動の担い手の交代が進行する。これと併行し、軍部のヘゲモニーが台頭する徴候もみられる。こうしたなか、浜口内閣への期待が減速するが、政友会も無産政党も事態にうまく対応できない。政友会では、失脚した田中義一が死去し、あらたな総裁として犬養毅の名前が浮上した。また、民政党から離脱した床次・新党倶楽部と合同を行った。

他方、無産政党のなかで、労農党は再建を試みるが内部の折り合いがつかない。政治的自由獲得労農同盟(一九二八年一二月。政権獲得同盟)は、合法的な無産政党の結党を断念し、非合法活動に入っていた。しかし、一九二九年には非合法活動に見切りをつけ、河上肇により新労農党が提唱された。新労農党は、一一月に、大山郁夫を中央執行委員長、書記長に細迫《ほそさこ》兼光《かねみつ》を選出して結成され、「大衆的日常闘争主義を全活動の基礎」とし、「全闘争を政治的自由獲得闘争に集中統一」することを提起した。しかし、急進化している全協(日本労働組合全国協議会)やナップ(全日本無産者芸術団体協議会)、無産新聞社などの共産党指導下の団体は、合法団体である新労農党の結成に反対し、無産勢力は内部分裂に陥っていた。

一九三〇年二月二〇日の総選挙は、民政党が二七三人を当選させ、圧勝した。政友会は一七四人であり、無産政党は、八人から五人に減少した。連続当選は、西尾末弘、浅原健三のみで、あらたに片山哲《てつ》(社民党)、松谷与二郎(日本大衆党)、大山郁夫(労農党)が当選した。

ロンドン軍縮会議

浜口内閣の外交面では、幣原喜重郎外相が、アメリカ・イギリスとの協調外交を再び実施する。中国の関税自主権も、不充分ながら承認した(一九三〇年五月)。このとき、一九三〇年一月に、ロンドンで海軍軍縮会議が開かれる。日本首席全権は若槻礼次郎のほかに、財部彪《たからべたけし》海相、松平恒雄《まつだいらつねお》駐英大使、永井松三駐ベルギー大使である。

ロンドン軍縮会議に臨む三大原則として、浜口内閣と海軍とのあいだで、補助艦は対米七割とし、大型巡洋艦も対米七割、そして潜水艦は現有量とすることが合意され、確認された。軍縮は、浜口内閣の金解禁政策とも連動し、建艦制限は財政緊縮の一環となっていた。

だが、軍縮会議で各国との交渉は難航し、アメリカとの妥協案として、補助艦は（対米）六割九分七厘五毛とし、大型巡洋艦は六割とした。この数字に、海軍軍令部は不満を示したが、海軍内部でも決裂を避けるために、岡田啓介《けいすけ》軍事参議官らが動く。浜口もこの妥協案で受諾し、全権にそのことを回訓し、四月二二日にロンドン条約が調印された。しかし、このあと海軍省と海軍軍令部（軍令部長・加藤寛治）の対立、政府と枢密院の対立が顕現する。

統帥権干犯問題

第五八特別議会（一九三〇年四～五月）では、政権打倒を狙った政友会が軍部と結び、兵力量の決定は統帥権の範囲内にあり、軍令部を無視した政府の条約回訓は統帥権干犯の恐れがあるとして、浜口内閣を攻撃した。

浜口は、「軍令部の意見は最も尊重して斟酌《しんしゃく》した」「議会に対する国防上の責任は政府においてこれを負う」「回訓当時における内部手続上の質問、並に憲法上の論議に対しては答える必要がない」（『西園寺公と政局』第一巻）との見解を持つ。また、憲法学者・美濃部達吉は、兵力量の決定は国の政務に属し、軍令部には属さないとした。『東京朝日新聞』（一九三〇年五月二五日）も、内閣が統帥権を干犯したのではなく、「却って軍令部が条約大権を干犯」し、さらに予算編成の政府の権能と、予算協賛の議会の権能を「干犯」するものであるとした。

若槻が帰国したときには、多くの人びとが歓迎し、軍縮は人びとに支持されていた。しかし、軍人や右翼団体による政府批判の声は強く、海軍軍令部参謀の草刈英治《くさかりえいじ》が割腹自殺をする事件までみられた。また、海軍軍縮国民同志会(頭山満、内田良平、大川周明、西田税ら)は、右翼の大同団結的な運動と連動させながら、財部海相を糾弾した。軍事参議官会議、枢密院でも議論が沸騰したが、結局、ロンドン条約は批准された(一〇月一日)。

統帥権干犯問題は、政党内閣が軍部や枢密院の圧力を拒んだ出来事であるとともに、政党が他の政党を攻撃するときに、それらの勢力と組んだことでもある。

一九三〇年一一月一四日、統帥権干犯問題や不景気を不満とした一青年によって、浜口雄幸は東京駅で狙撃され、翌年八月に死亡した。朝鮮総督・山梨半造の米穀取引所の利権にかかわる疑惑、私鉄疑獄など、汚職の摘発が続出しており、政党政治への不信も背後にあった。

4　恐慌下の社会運動

労働争議の高まり

東京・小石川の丘陵と千川の一帯にある共同印刷では、一九二六年一月八日に操業短縮が発表されたため、左派の日本労働組合評議会が主導して争議が行われた。二月にいったん妥結するが、三月まで五八日間の長い争議となった。組合執行部のひとりとして争議にかかわった徳永直《すなお》は、舞台を「大同印刷」とし、狭い地域にひしめき合って暮らす労働者の生活を小説「太陽のない街」に描き、『戦旗』に連載した。『戦旗』は、プロレタリア芸術運動の団体・ナップ(全日本無産者芸術団体協議会)の機関誌である。

一九二〇年代後半には、緊縮財政と節約消費の政策のために失業者が増大し、大企業では生産設備の機械化による合理化を進めた。解雇、賃金カットが頻繁に行われていくため、労働争議の件数が増え、大きな争議や大資本のもとでの争議も続発した。一九二六年には、共同印刷のほか、一〇五日間にわたる浜松の日本楽器争議、翌年には、千葉の野田醬油会社で争議が起こり、総同盟が二一九日間にわたって指導した。増給や退職手当の増額を要求して起こった野田争議は、ストライキを決行し、地域を巻き込み、小学児童の同盟休校がなされ、昭和天皇への「直訴」の試みもあった。

また、富士紡川崎工場の争議では、応援に駆けつけた組合員が工場内の煙突によじ登り、一三〇時間も居座る「煙突男」となり、警官もてこずる事態となった(『東京朝日新聞』一九三〇年一一月一七日)。

暴力団や国家主義団体が、しばしば介入し、騒擾を伴った争議も少なくない。一九三〇年一〇月の東洋モスリン亀戸工場の争議は、争議団と争議を阻止する日本正義団との衝突があり、さらに警官隊と争議団による「乱闘」も見られた(『東京日日新聞』一九三〇年一〇月二五日)。
恐慌下では、参加者が五〇人以下の争議件数が増え、その割合は、一九三一年には全体の三分の二を越えている。賃金減額や解雇への反対であり、不況下での合理化への対抗という防衛的な争議であった。労働組合の組織率は「戦前」の最高(七・九%)であるものの、労働組合が積極的に関与した争議は中小工場を主としており、大工場の労働組合はむしろ「協調的」である。こうしたなか、一九二六年に、労働争議調停法の成立とともに、組合結成と争議行為を事実上禁止していた治安警察法第一七条が撤廃された。

小作争議

小作争議も同様の傾向をみせる。小作争議は、従来、生産力の高い関西地域が中心であったが、恐慌期には、中部・関東地域、さらに東北地域へと比重を移し、東北地域が最多発地帯となる。中小地主による小作地引揚げへの反対、電灯料や肥料代の値下げなどの要求が出され、争議の規模も縮小する。新潟県木崎村は、小作地率が六割に達する地域だが、小作人の要求に対し、地主側が立入禁止の措置をとったため、一九二三年から二六年までの長い争議が行われた。農民組合の子弟は同盟休校に入り、木崎農民学校をつくるなどして闘ったが、地主側の勝利に終わる。

プロレタリア文化運動

こうした労働者や農民の動きと連動して、文学をはじめ、プロレタリア文化運動が大きな地歩を占める。『改造』一九三〇年一月号は、「一九三〇年」という小特集を組むなかで、「ヂャズ」「女優・一九三〇年型」「キャバレ」などとともに、「小林多喜二」「大山郁夫」「スターリン」の項目を掲げた。『戦旗』は発売禁止が相次いだにもかかわらず、一九三〇年には発行部数が二万部を超えていたという。

小林多喜二は、『戦旗』(一九二八年一一～一二月。発売禁止)に「一九二八年三月一五日」を寄せ、三・一五事件の警察の弾圧や拷問の様子を書きとめた。さらに同誌(一九二九年四～五月)に分載された「蟹工船」は、「おい、地獄さ行《え》ぐんだで!」との書き出しで、カムチャッカで操業する蟹工船で働く季節労働者の苛酷な様相を描いた。漁夫たちの姿、その回想、監督とのやり取りなどが積み重ねられ、比喩を多用した力強い言葉で記されている。

映画も、左翼がかったという意味の「傾向映画」が作られ、美術や音楽にもプロレタリア作品が現れた。また、一九二四年に土方与志《ひじかたよし》が私財を投じ、小山内薫《おさないかおる》とともに開始した築地小劇

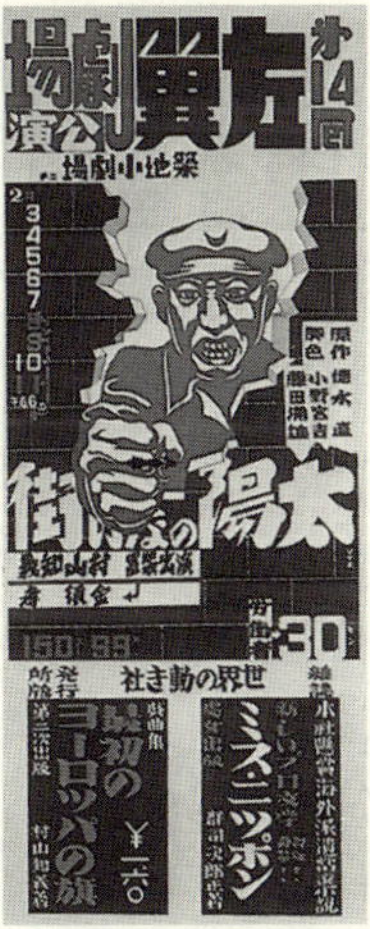

図 **6-5**　徳永直原作の「太陽のない街」初演ポスター(1930 年 2 月，築地小劇場，日本近代文学館蔵).

図 **6-6**　1928 年結成の全国農民組合のポスター(大原社会問題研究所蔵).

場を軸に、プロレタリア演劇も活況を呈する。築地小劇場は一九二九年に分裂したものの、劇団はともに左翼演劇活動を行い、中国の京漢鉄道の争議を題材とした村山知義『暴力団記』も、検閲により削除を受けながら上演され評判となった。

これらは、あたらしい階級の意識に伴う表現であり、プロレタリア文化の独自性が探られていく。ポスターも、新興階級として自己の表象を試み、自らの力強さを強調し、労働者を前向きの姿勢を持つ存在として勢いを込めて描き出す。

だが、無産勢力は戦略や戦術の差異に応じて組織を異にし、細分化されていた。労働運動もまた、方針をめぐり分裂が繰り返され、総同盟は一九二五年五月に分裂し(第一次分裂)、左派は日本労働組合評議会を結成していた。さらに、総同盟はその後も二度の分裂を経験し左右の対立が厳しい。全協のように非合法組合で、「武装メーデー」(一九三〇年)を起こす組合もあった。

恐慌下の社会運動

このなかで、特徴ある運動も見られる。恐慌下では、「生活擁護」という観点が前面に出され、物価引下げ運動、家賃の引下げや支払いの猶予を要求する借家人運動、電灯料金・湯銭の値下げ要求など、広範な運動が継続された。そのひとつとして、一九二九年四月から九月にかけて東京でのガス料金値下げをめぐる運動がある。電車、ガス、電灯、水道などの公益企業をめぐる問題が、一九〇〇年代以来継続していたが、この運動が大正デモクラシーの時代の最後に位置する運動となる。

一九二九年四月に、東京市会がガス料金の値下げ、計量器使用料廃止の建議案を可決し、市長がガス会社に料金値下げを勧告した。だが、ガス会社が拒否したために、運動が開始される。無産政党が音頭をとり、それぞれの党派の系列のガス料金値下げ同盟を結成し、区会議員による各区連合会が結成された。決議や陳情も数多く出されている。

また、金子茂《しげり》、市川房枝らの婦選獲得同盟もこの運動に参画し、「政治が台所を左右」するゆえに女性の政治参加を促し、ガス問題は「正に東京婦人市民の奮起によりて解決さるべき」(「瓦斯《ガス》値下問題と婦人」『婦選』一九二九年五月)とした。堺利彦、和田操《みさお》ら東京市の無産党市議とともに、婦選獲得同盟が中心となり、ガス料金供託同盟(代表は、吉野作造)を結成し、ガス料金二割を供託する運動も行われた。結局、一九三二年より、四三銭の値下げが実現する。大正デモクラシーの経験を集約するように、区会議員―市会議員―代議士の連携が運動の発端をつくり、女性団体と無産勢力の参加がみられた。また富山県でも、一九二七年に、電気料金値下げ期成同盟連合会を結成して運動を展開し、会社側に送電を中止された家屋もあらわれた(『富山日報』一九二八年七月二七日)。

さらに、この時期には魚市場の権利にかかわる板舟権《いたぶね》疑獄事件などの汚職事件が相次ぎ、批判の運動が無産勢力と女性団体の主導で行われる。また、一九三二年六月には、東京三河島で、失業者や主婦らが「米をよこせ」の要求をし、集団で農林省に押し寄せる運動もみられた。

消費組合の運動も起こり、人びとの日常生活に関与する運動が展開される。消費組合運動は「権力的大社会」ではなく、「各個人の自由を任意によってつくられた協同組織団体の自由聯合による自治社会」を目指し、消費者への「搾取」を拒むために日用必需品の「共同購買」を目的とした(平塚らいてう「婦人戦線に参加して」『婦人戦線』一九三一年四月)。

福岡連隊事件

差別に対抗する運動も、継続する。福岡連隊事件は、軍隊内での被差別部落への差別に発している。一九二六年一月に、井《い》元麟之《もとりんし》(水平社青年同盟員)が福岡歩兵第二四連隊に入隊したとき、連隊内で差別を受けた。そのため、水平社が連隊に決議文を手渡す。また、五月には全九州連合会などの組織が調査を行ったため、七月に久留米の第一二師団憲兵隊長が会見を申し入れ、事件は解決したかに見えた。だが、すぐに申し合わせが破棄されたため、八月に水平社は同盟員の連隊入営拒否を行い、反軍闘争を実践した。

ところが、一一月に陸軍特別大演習が予定されているため、水平社の運動を放置しておけない軍側は、福岡連隊爆破陰謀事件を仕立て上げ、運動の中心であった松本治《じ》一郎《いちろう》、木村京太郎ら十数人を検挙した(一九二八年一二月に判決)。事態を打開するため、一九二七年一一月一九日に、北原泰作《たいさく》が昭和天皇に直訴する一幕もあった。

階級と排除

女性たちも、階級意識を標榜するかたわら、女性としての独自性を追求する。『労働婦人』創刊号(一九二七年一〇月)の「労働婦人の覚悟」は、「本当に婦人の問題を解決してゆくには、どうしても婦人自身が活動しなければならない」「婦人には男の人には知ることの出来ない特別の世界がある」と、男性に依存しない主体と女性の独自性を宣言する。とともに、「私共姉妹は、多くは、家が楽でないために、尋常小学校を出るや出ずやで、すぐ製糸女工となる」という秋山タツジ(大日本製糸労働組合第一五支部)は、「何処にも多くの星の様に、組合は輝いて居ます」「強い強い労働婦人となりましょう」と、階級的な立場を明確に述べる。

植民地の労働者にかかわっては、黒島伝治《くろしまでんじ》「鮮人《(ママ)》」(一九三一年。発表誌不明)が、「圧迫せられる朝鮮人。では誰が圧迫するか。日本人である」と言い切る。しかし、黒島の認識が共有されていたのではない。日本農民組合の大会では、「地主が安く使える朝鮮人を雇入れるのが大変な脅威だからなんとかしなくてはならないという案」(山口県連合会)が提出されるような状況であった。社会運動参加者にも、植民地の人びとへの差別と排除が胚胎している。

「外地」の諸運動

社会運動は、「内地」のみで完結はしない。一九二五年五月に、上海で五・三〇事件が起こる。二月に上海の内外綿紡績工場で、中国人労働者の解雇問題をきっかけにストライキが行われ、日系の紡績工場に拡がった。中国人労働者の劣悪な労働条件が背後にあり、彼らの要求がいったんは受け入れられた。だが、五月に再燃し、工場が閉鎖され、中国人労働者と警官隊が衝突した。警官の発砲により中国人労働者が死亡したことをきっかけに広範な抗議運動が起こり、三〇日に学生たちは「打倒帝国主義」を掲げ行動し、共同租界の商人たちは同盟休業を行った。日本とともに、アメリカ、イギリスの軍艦が出動、陸戦隊が上陸し、死者を出すなか、動きは他の地域にも拡がり、北京で国民大会とデモが行われ、香港でも「罷市《ひし》」がなされた。

また、台湾では、霧社《むしゃ》事件(一九三〇年一〇月)が起こる。台中州霧社で、苛酷な強制労働や差別待遇をきっかけに先住民が蜂起したため、台湾総督府が鎮圧した事件である。

朝鮮では、一九二九年一月に元山でゼネストが起こる。また、同年一〇月三〇日に、日本人の中学生が朝鮮人の女生徒を侮辱する事件があり、一一月三日には、光州《クァンジュ》で日本人の生徒と朝鮮人の生徒が衝突し、光州学生事件へと発展した。

李北満「朝鮮の芸術運動」(『プロレタリア藝術』一九二七年八月)は、「日本人諸君に分かりますか? 植民地であるという事がどんな事だかが」という。大正デモクラシーは帝国の内外に多くの問いかけを生み出した。

おわりに――「満州事変」前後

日露戦争後の都市民衆騒擾をきっかけに、民本主義の潮流として台頭した大正デモクラシーは、第一次世界大戦とロシア革命、米騒動により加速し、「改造」の動きを生み出した。雑業層や旦那衆、労働者・農民、あるいは女性、被差別部落や植民地の人びとが、それぞれの立場からアイデンティティを掲げ、社会変革を訴えた。また、こうした各階層の主張は、「日本人」や「国民」と重ねられてもいた。そして、この動きによって、普通選挙法と治安維持法による一九二五年体制が創出される。

三潮流の鼎立と『女人藝術』

関東大震災を経ての一九二〇年代後半の様相を切りとってみれば、A民本主義、Bマルクス主義・社会主義、C国粋主義、という三つの主張の鼎立がみられた(図参照)。三者は、「近代」のさらなる追求(A)と、「近代」の克服や否定(B、C)という対立軸を持ち対抗すると同時に、A―B―Cが互いに支えあう局面を有し、重なりあう部分に位置する人物や団体もある。

林芙美子が「放浪記」を連載したことで知られる雑誌『女人藝術《にょにん》』は、A―Bの領域にまたがっている。『女人藝術』は、一九二八年七月に長谷川時雨《しぐれ》が創刊した。誌上でアナ・ボル論

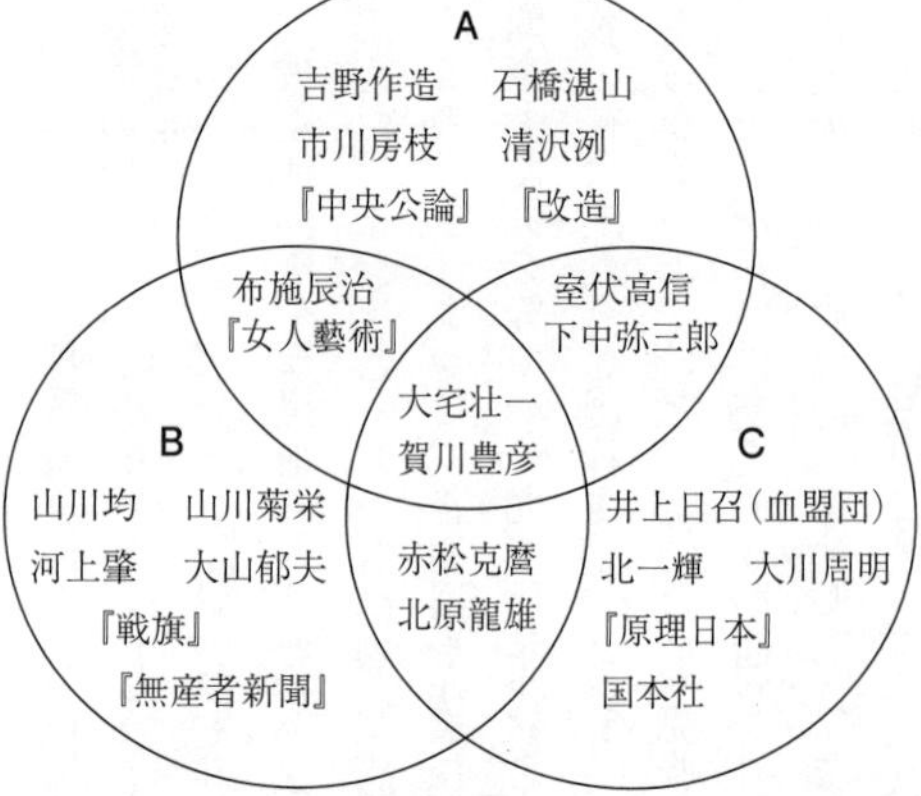

1920年代後半の三潮流

争が展開され、ソ連の事例が紹介されるなど、創刊直後から急進的な色調を持ち、『女人藝術』自ら、「進歩的女性のすべてに支持をうけること」を喜ぶとしていた(「ぜひ、これを読んでください」一九三一年一〇月)。こうした長谷川と『女人藝術』は、Aに位置する奥むめおと『職業婦人』、市川房枝と『婦選』や、あるいはBの高群逸枝と『婦人戦線』などと呼応しながら、一九二〇年代後半から三〇年代にかけての転形期の状況の一齣《ひとこま》となり、その流れを作り出している。

しかし、『女人藝術』は「満州事変」後には、座談会「新満州国とはどんなところか」(一九三二年二月)を掲載し、満州事変を契機とする翼賛と統合の流れに合流する姿勢をみせる。そして、一九三二年六月には突如、休刊してしまう。内部対立を抱えこんではいたが、その決定的な引き金となったのが、満州事変の勃発であった。

一九三一（昭和六）年九月一八日に、中国・奉天郊外の柳条湖《りゅうじょうこ》で線路が爆破され、それを中国軍の仕業《しわざ》という口実のもとに出兵した満州事変が起こる。ここに至る経緯やその後の展開については次巻に譲るが、満州事変は大正デモクラシーの転換を促す。

満州事変の衝撃

満州事変は、日本社会内の対立を尖鋭化させるかたわら、対立と対抗の存在を解消し、消去してしまう論調を作り上げた。「沸きたつ祖国愛の血　全日本にみなぎる！」とは、『東京朝日新聞』（一九三一年一一月一八日）の見出しである。同紙は、「吹雪の広野、砲弾下のざんごう（塹壕）に母国の生命線を死守する我派遣軍将士に対する国民の感激は日増しに著るしくなり」と煽情的に続け、慰問金が一日平均一五〇〇〜一六〇〇円、慰問袋は平均三万個に及んでいると報じた。このように満州事変以降に、人びとの感情は一挙に挙国的となった。これまでの批判的な発言は矛が収められ、図のような三潮流が鼎立した状況は、急速に流動化していく。

そのひとつは、Bの領域に接する社会運動の変容である。女性の「有給生理休暇一週間」を要求したことで注目される、一九三二年三月の東京地下鉄の争議では、同時に出征者の賃金保証を掲げていた。総同盟は、「出征ならびに動員応召者の日給全額保証を中心とする出征者の救援闘争」をいう（一九三二年三月）。この時期には、応召者の日給を求めて争議が起こされることが少なくない（『東京朝日新聞』一九三二年三月二一日）。

Aに位置する吉野作造は、満州事変にどう対応したであろうか。吉野は「民族と階級と戦争」(『中央公論』一九三二年一月)という伏字の多い論文のなかで、今回の「××××(軍事行動)の本質は××××(帝国主義的)だと謂《い》わねばならぬ」とし、この自覚により「帝国主義の再吟味」の必要を訴える。同時に、吉野は、新聞論調が「一律に出兵謳歌」に傾き、無産政党が「自由豁達《かったつ》の批判」を行わないことに苦言を呈した。

そのことを示すかのように、社会民衆党は、柳条湖事件の直後に現地視察団を派遣し、一一月には、内部で議論があったものの、軍部を支持する「満蒙問題に関する指令」を発表した。「支那軍閥」による「満蒙」の権益の侵害を「不当」とし、「日本国民大衆の生存権確保」を唱える。いまひとつの無産政党である全国労農大衆党(図6-3参照)は、「帝国主義戦争反対」の態度を表明し、対支出兵反対闘争委員会を設置するが、党内の代議士に出兵容認のものがおり、党大会で出兵反対の決定には至らなかった。

無産政党がこうした有様であるとき、既成政党はいっそうの錯綜をみせる。民政党内部では、軍部に接近するものが現れた。安達謙蔵《あだちけんぞう》内相や中野正剛《せいごう》らは、熊本第六師団長で陸軍の革新派である荒木貞夫に接近し、さらに政友会の一部をも巻き込み、「協力内閣」を策動した(安達らは、のちに民政党を脱し、国民同盟を結成している)。

大正デモクラシーと戦時動員の間

こうしたなか、浜口雄幸内閣の後を継いだ、民政党の若槻礼次郎内閣（第二次）が「満州事変」の対応に当たっていたが、現地軍の暴走を処理しきれず、一九三一年一二月一一日に総辞職した。一二月一三日に発足した政友会の犬養毅内閣が、戦前最後の政党内閣となる。

『東京朝日新聞』（一九三二年一月三日）は、「政治の習律となってまだ日浅き政党政治が、既に国民のけん怠を買い、更にぞう悪の的とまでなった原因は第一に腐敗、第二に無能である」「しかも最近政治の局面が満州事変、財界大動揺によって未曾有の重大性を帯ぶるに伴《つ》れ、一層政党政治を頼りなく思うの情が強化した」と述べた。満州事変をきっかけとする事態により、社会運動と政党政治の双方に変容と批判がみられ、大正デモクラシーは「終焉」してゆく。

一九三〇年一一月の浜口首相の狙撃後、井上日召《にっしょう》の血盟団員により、前蔵相の井上準之助が射殺され（一九三二年二月九日）、三井合名理事長の団琢磨《だんたくま》も射殺される（三月五日）。こうしたテロが相次ぐことが、言論に代わる直接行動の出現を意味し、デモクラシーの終焉を印象づける。

だが、重要なことは、大正デモクラシーの終焉が、その内的な論理の射程範囲で起きたことでもあったという点である。たとえば、「娼婦」の自由廃業を促し、国家の管理による公娼制度を批判する廃娼運動。これは長い歴史を持ち大正デモクラシーの一翼を担うが、中軸の日本基督教婦人矯風会《きょうふうかい》(一八九三年)と廓清会《かくせいかい》(一九一一年)は、一九二六年六月には廓清会婦人矯風会連合(翌年、廓清会婦人矯風会廃娼連盟)を結成し、すでに廃娼を実施していた群馬のほか、秋田、福島、福井など七県で廃娼建議が採択され、廃娼県を実現していった。しかし、運動は、「娼婦」が「日本帝国の体面を汚す」「健全なる国家の膨張を害《そこな》う」(「満州婦人救済会」の設立趣意、一九〇六年)という、帝国と予定調和する論理を一貫して有していた。そして、一九三五年には廃娼連盟を「国民純潔同盟」へと改組するに至る。

同様に、廃娼運動を、婦選運動の「別働隊」という市川房枝らは、東京市会議員選挙を契機に、一九三三年三月に東京婦人市政浄化連盟を結成し、疑獄の批判やゴミ処理問題などに奔走し、女性の力を示すことにより公民権を要求した。浄化連盟は一九二五年体制への参入を図り、主体的な動員により体制に協力したが、この運動は、体制との直接的な一致を目指し政党批判を行ったため、結果として既成政党の基盤を崩すこととなる。こうした動きは、一九三五、六年には国政レベルで、官僚が主導する選挙粛正運動へ至る。

成果を保持しえず、「大正デモクラシーにもかかわらず」という局面と、運動の論理が状況のなかで、統合と妥協へと移行してしまう「大正デモクラシーゆえに」という双方の要素を持ちながら、一九三〇年代には戦時動員の時代が始まる。二〇世紀初頭の四半世紀の経験は、帝国のデモクラシーの可能性と困難を語って余りあるといえよう。

あとがき

二一世紀初頭の現在から見れば、大正デモクラシーの始期は、ほぼ一〇〇年前の時期となる。私が大正デモクラシーとその時代について勉強をはじめたのは、かれこれ三〇年以上も前の一九七〇年代初頭のことである。卒業論文で友愛会について調べ、大学院の授業では『原敬日記』の講読の演習に参加した。

研究史の観点から見たときに、この時期は大正デモクラシー研究の画期となる。詳しくは巻末の参考文献を見られたいが、一九七〇年代初頭には、松尾尊兊さんが『大正デモクラシー』(一九七四年)などによって精力的にこの領域を開拓されていた。政治史研究や思想史、文化史の面からも魅力ある研究が次々に提出され、大正デモクラシー研究は活況を呈していた。

おりしも、学生運動や市民運動、住民運動が活性化しつつ、運動をめぐるさまざまな障碍や困難も露呈しており、あらためてデモクラシーとは何かが問われている時期であった。この時期の大正デモクラシー研究は、二〇世紀の歴史のなかから、多様な民主主義のありようを探り出し、国家と社会の関連への考察を深めようとしていた。

私の関心は、その後、少しずつ大正デモクラシー研究から離れることとなったが、二一世紀初頭のデモクラシーが切望される状況のなかで、再び取り組むこととなった。

近年の研究は、個々の論点が深められ、また、このかんの歴史学研究の関心に応じ、ジェンダーやエスニシティにかかわる議論が深化し、帝国間の諸関係や植民地の動向が詳細に論じられるようになっていた。とともに、「国民」と「民族」との相克が論じられ、デモクラシーに内在するナショナリズムに焦点が定められ、大正デモクラシーの歴史像を再構成し叙述するには、さまざまな次元でのハードルを乗り越えねばならなかった。

「通史」という観点からも語るべきことはあるが、この点については、あらためて議論を立ててみたい。本書の執筆に当たっては、編集部の小田野耕明さんに、このうえない尽力をいただいた。本書を書くことができたのは、ひとえに小田野さんの叱咤激励によっている。厚くお礼申し上げます。

二〇〇七年初春

成田龍一

岩波新書新赤版一〇〇〇点に際して

ひとつの時代が終わったと言われて久しい。だが、その先にいかなる時代を展望するのか、私たちはその輪郭すら描きえていない。二〇世紀から持ち越した課題の多くは、未だ解決の緒を見つけることのできないままであり、二一世紀が新たに招きよせた問題も少なくない。グローバル資本主義の浸透、憎悪の連鎖、暴力の応酬——世界は混沌として深い不安の只中にある。

現代社会においては変化が常態となり、速さと新しさに絶対的な価値が与えられた。消費社会の深化と情報技術の革命は、種々の境界を無くし、人々の生活やコミュニケーションの様式を根底から変容させてきた。ライフスタイルは多様化し、一面では個人の生き方をそれぞれが選びとる時代が始まっている。同時に、新たな格差が生まれ、様々な次元での亀裂や分断が深まっている。社会や歴史に対する意識が揺らぎ、普遍的な理念に対する根本的な懐疑や、現実を変えることへの無力感がひそかに根を張りつつある。そして生きることに誰もが困難を覚える時代が到来している。

しかし、日常生活のそれぞれの場で、自由と民主主義を獲得し実践することを通じて、私たち自身がそうした閉塞を乗り超え、希望の時代の幕開けを告げてゆくことは不可能ではあるまい。そのために、いま求められていること——それは、個と個の間で開かれた対話を積み重ねながら、人間らしく生きることの条件について一人ひとりが粘り強く思考することではないか。その営みの糧となるものが、教養に外ならないと私たちは考える。歴史とは何か、よく生きるとはいかなることか、世界そして人間はどこへ向かうべきなのか——こうした根源的な問いとの格闘が、文化と知の厚みを作り出し、個人と社会を支える基盤としての教養となった。まさにそのような教養への道案内こそ、岩波新書が創刊以来、追求してきたことである。

岩波新書は、日中戦争下の一九三八年一一月に赤版として創刊された。創刊の辞は、道義の精神に則らない日本の行動を憂慮し、批判的精神と良心的行動の欠如を戒めつつ、現代人の現代的教養を刊行の目的とする、と謳っている。以後、青版、黄版、新赤版と装いを改めながら、合計二五〇〇点余りを世に問うてきた。そして、いままた新赤版が一〇〇〇点を迎えたのを機に、人間の理性と良心への信頼を再確認し、それに裏打ちされた文化を培っていく決意を込めて、新しい装丁のもとに再出発したいと思う。一冊一冊から吹き出す新風が一人でも多くの読者の許に届くこと、そして希望ある時代への想像力を豊かにかき立てることを切に願う。

（二〇〇六年四月）

成田龍一

1951年大阪市に生まれる
1983年早稲田大学大学院文学研究科博士課程修了．
文学博士(史学)
専攻－日本近現代史
現在－日本女子大学名誉教授
著書－『近代都市空間の文化経験』(岩波書店)
『近現代日本史と歴史学』(中公新書)
『増補 「戦争経験」の戦後史』
『方法としての史学史 歴史論集 1』
『〈戦後知〉を歴史化する 歴史論集 2』
『危機の時代の歴史学のために 歴史論集 3』
(以上，岩波現代文庫) 他多数

大正デモクラシー
シリーズ 日本近現代史④　　岩波新書(新赤版)1045

2007年4月20日 第1刷発行
2024年11月5日 第19刷発行

著 者 成田《なりた》 龍一《りゅういち》

発行者 坂本政謙

発行所 株式会社 岩波書店
〒101-8002 東京都千代田区一ツ橋 2-5-5
案内 03-5210-4000 営業部 03-5210-4111
https://www.iwanami.co.jp/

新書編集部 03-5210-4054
https://www.iwanami.co.jp/sin/

印刷製本・法令印刷 カバー・半七印刷

ISBN 978-4-00-431045-7 Printed in Japan

索　引

（章や節のタイトルにある項目は省いた）

あ 行

か 行

さ 行

た 行

な 行

は 行

略年表

年	日本	世界
1905 (明治 38)	9 ポーツマス講和条約調印．日比谷焼打ち事件 11 第 2 次日韓協約調印	
1906 (明治 39)	3 東京市電値上げ反対運動 8 関東都督府の官制公布 11 南満州鉄道株式会社設立	
1907 (明治 40)	4「帝国国防方針」決議 7 第 3 次日韓協約調印．翌月から義兵運動開始	
1908 (明治 41)	1『家庭之友』が『婦人之友』と改題 7 第 2 次桂太郎内閣 8 東洋拓殖株式会社法公布 10「戊申詔書」発布	
1909 (明治 42)	10 伊藤博文暗殺	
1910 (明治 43)	4『白樺』創刊 5 大逆事件の検挙開始 7 樺太神社建立 8 韓国併合．翌月に朝鮮総督府官制公布 11 帝国在郷軍人会発会 12 堺利彦，売文社開設	
1911 (明治 44)	1 幸徳秋水らに死刑判決，12 人執行 2 日米新通商航海条約調印 3 工場法公布(16 年施行) 8 第 2 次西園寺公望内閣 9『青鞜』創刊	10 辛亥革命始まる
1912 (明治 45・大正元)	3 上杉慎吉と美濃部達吉の論争おこる 7 明治天皇，死去．「大正」と改元 8 友愛会結成 9 明治天皇大喪．乃木希典夫妻の殉死 12 第 3 次桂内閣．憲政擁護大会開催	1 中華民国の建国宣言

1913 (大正 2)	2 桂内閣の総辞職(大正政変). 第 1 次山本権兵衛内閣 6 陸海軍大臣武官現役制改正	10 袁世凱, 中華民国大統領に就任
1914 (大正 3)	1 堺利彦,『へちまの花』創刊 2 シーメンス事件発覚 4 第 2 次大隈重信内閣. 夏目漱石「心」連載開始 8 第一次世界大戦への参戦 9 名古屋で電車賃値下げ運動	6 サラエボ事件, 第一次世界大戦始まる
1915 (大正 4)	1 中国に 21 カ条要求提出 9 堺利彦,『新社会』創刊 12 大戦景気が始まる	3 中国で日貨排斥運動 7 台湾・西来庵事件
1916 (大正 5)	1 吉野作造,『中央公論』に論文「憲政の本義を説いて其有終の美を済すの途を論ず」.『婦人公論』創刊 9 河上肇,「貧乏物語」連載開始 10 寺内正毅内閣	
1917 (大正 6)	1 西原借款 2『主婦之友』創刊 5『受験界』創刊 6 臨時外交調査委員会設置	3 ロシアで 2 月革命 4 アメリカ, 第一次世界大戦への参戦 11 ロシア 10 月革命でソヴィエト政権
1918 (大正 7)	2 平塚らいてうら, 母性保護論争 7 米騒動始まる 8 シベリア出兵の宣言.『大阪朝日新聞』に「白虹日を貫けり」の文言 9 原敬内閣 12 新人会結成. 黎明会結成	11 ドイツ革命. 第一次世界大戦の終結
1919 (大正 8)	1 河上肇,『社会問題研究』創刊 2 大原社会問題研究所開設 4 関東庁と関東軍の設置(関東都督府の廃止).『改造』創刊.『社会主義研究』	3 朝鮮で三・一運動始まる 5 中国で五・四運動始まる

	『国家社会主義』創刊． 5 選挙法改正，納税資格3円以上に． 6『解放』創刊 8 朝鮮・台湾総督府の長官の文官就任を可能に．	6 ヴェルサイユ条約調印
1920 (大正9)	1 賀川豊彦，「死線を越えて」連載開始 3 新婦人協会の結成．尼港事件 5 最初のメーデー 10 第1回国勢調査 12 日本社会主義同盟	1 国際連盟発足
1921 (大正10)	2『種蒔く人』創刊 4 赤瀾会結成 5 アナ・ボル論争始まる 6 神戸の川崎・三菱両造船所争議 8 自由法曹団結成 11 原首相暗殺．高橋是清内閣．自由大学運動始まる	11 ワシントン会議
1922 (大正11)	2 ワシントン海軍軍縮条約，9カ国条約調印 3 全国水平社創立大会．南洋庁設置 4 日本農民組合結成 6 加藤友三郎内閣．シベリア撤兵の声明 7 山梨半造による陸軍軍縮．日本共産党結成	12 ソヴィエト社会主義共和国連邦成立
1923 (大正12)	5 北一輝『日本改造法案大綱』 9 関東大震災．第2次山本内閣．朝鮮人虐殺，亀戸事件，大杉事件 11 国民精神作興に関する詔書 12 虎の門事件	
1924 (大正13)	1 清浦奎吾内閣．反対運動展開(第2次護憲運動) 6 第1次加藤高明内閣．『文藝戦線』創刊 11 吉野作造ら，明治文化研究会設立 12 婦人参政権獲得期成同盟会結成	1 第1次国共合作 7 アメリカで排日移民法 9 第2次奉直戦争

1925 (大正14)	1 日ソ国交樹立.『キング』創刊 3 ラジオの試験放送(7月より本放送) 4 治安維持法公布 5 普通選挙法公布. 宇垣一成による軍縮.『家の光』創刊 10 ソウルに朝鮮神宮創建 11 蓑田胸喜,『原理日本』創刊	5 中国で5·30事件
1926 (大正15·昭和元)	1 第1次若槻礼次郎内閣. 京都学連事件. 共同印刷争議 4 治安警察法改正 9 浜松市で最初の普選実施 12 大正天皇死去.「昭和」と改元. 改造社,『現代日本文学全集』刊行開始(円本)	7 北伐開始
1927 (昭和2)	2 大正天皇大喪 3 金融恐慌始まる 4 田中義一内閣. 支払猶予令実施 5 第1次山東出兵 6 立憲民政党結成. 東方会議開催	
1928 (昭和3)	2 初の普通選挙 3 3·15事件 4 第2次山東出兵. 新人会解散 5 済南事件. 第3次山東出兵 6 張作霖爆殺事件. 治安維持法を緊急勅令で改正 7『女人藝術』創刊	
1929 (昭和4)	3 山本宣治暗殺 4 4·16事件 5 小林多喜二「蟹工船」,『戦旗』に連載 7 浜口雄幸内閣 11 金解禁公布(翌年1月, 実施)	10 ニューヨークの株価暴落. 世界恐慌始まる 11 光州学生運動
1930 (昭和5)	1 ロンドン海軍軍縮会議(4月調印) 11 浜口首相狙撃	10 霧社事件
1931 (昭和6)	1 柳田国男『明治大正史　世相篇』 4 第2次若槻内閣 9「満州事変」起こる	

参考文献

本文のなかで直接言及した文献をはじめ，執筆にあたって参考にしたものを掲げた．その他，紙数の関係からいちいち挙げないが，多くの文献に教えられた(各章ごとに刊行年代順に配列)．

全体に関するもの

信夫清三郎『大正政治史』全4冊，河出書房，1951-52年
信夫清三郎『大正デモクラシー史』全3冊，日本評論新社，1954-59年
大久保利謙『日本全史10　近代Ⅲ』東京大学出版会，1964年
松尾洋・大河内一男『日本労働組合物語』明治・大正・昭和，筑摩書房，1965年
南博編『大正文化』勁草書房，1965年
今井清一『大正デモクラシー』中央公論社，1966年
松尾尊兊『大正デモクラシーの研究』青木書店，1966年
升味準之輔『日本政党史論』3-5，東京大学出版会，1967-79年
我妻栄ほか編『日本政治裁判史録』明治後・大正，第一法規出版，1969年
井上清編『大正期の政治と社会』岩波書店，1969年
江口圭一司会『シンポジウム日本歴史20　大正デモクラシー』学生社，1969年
松尾尊兊『民本主義の潮流』文英堂，1970年
松尾尊兊『大正デモクラシー』岩波書店，1974年
三谷太一郎『大正デモクラシー論』中央公論社，1974年
『岩波講座 日本歴史』18-20，岩波書店，1975-76年
鹿野政直『大正デモクラシー』小学館，1976年
林茂・辻清明編『日本内閣史録』2・3，第一法規出版，1981年
鹿野政直ほか編『近代日本の統合と抵抗』3・4，日本評論社，1982年
『週刊朝日百科　日本の歴史』近代・現代，朝日新聞社，1988年

参考文献

内田健三ほか編『日本議会史録』1-3，第一法規出版，1991年
坂野潤治ほか編『シリーズ日本近現代史』3，岩波書店，1993年
『岩波講座　日本通史』17・18，岩波書店，1994年
松尾尊兊『民本主義と帝国主義』みすず書房，1998年
有馬学『「国際化」の中の帝国日本』中央公論新社，1999年
伊藤之雄『政党政治と天皇』講談社，2002年
『岩波講座　近代日本の文化史』4-6，岩波書店，2002年
季武嘉也編『大正社会と改造の潮流』吉川弘文館，2004年
坂野潤治『近代日本政治史』岩波書店，2006年

はじめに
田中惣五郎『吉野作造』未来社，1958年
田澤晴子『吉野作造』ミネルヴァ書房，2006年

第1章
中村政則・江村栄一・宮地正人「日本帝国主義と人民」『歴史学研究』327，1967年
井上清・渡部徹編『大正期の急進的自由主義』東洋経済新報社，1972年
宮地正人『日露戦後政治史の研究』東京大学出版会，1973年
太田雅夫『大正デモクラシー研究』新泉社，1975年
江口圭一『都市小ブルジョア運動史の研究』未来社，1976年
小池喜孝『平民社農場の人びと』現代史出版会，1980年
栄沢幸二『大正デモクラシー期の政治思想』研文出版，1981年
石塚裕道・成田龍一『東京都の百年』山川出版社，1986年
堀場清子『青鞜の時代』岩波書店，1988年
小関素明「支配イデオロギーとしての立憲主義思想の思惟構造とその帰結」『日本史研究』322，1989年
小山静子『良妻賢母という規範』勁草書房，1991年
アンドルー・ゴードン「日本近代史におけるインペリアル・デモクラシー」赤澤史朗ほか編『現代史と民主主義』東出版，1996年
桜井良樹『大正政治史の出発』山川出版社，1997年

芹沢一也『〈法〉から解放される権力』新曜社，2001 年
岩田ななつ『文学としての『青鞜』』不二出版，2003 年
山泉進『平民社の時代』論創社，2003 年
中筋直哉『群衆の居場所』新曜社，2005 年

第 2 章

井上清『軍国主義と帝国主義』東京大学出版会，1953 年
細谷千博『シベリア出兵の史的研究』有斐閣，1955 年
浅田喬二『日本帝国主義と旧植民地地主制』御茶の水書房，1968 年
許世楷『日本統治下の台湾』東京大学出版会，1972 年
朴慶植『日本帝国主義の朝鮮支配』上下，青木書店，1973 年
井上清『軍国主義の展開と没落』新版，現代評論社，1975 年
原暉之『シベリア出兵』筑摩書房，1989 年
竹内洋『立志・苦学・出世』講談社，1991 年
宮嶋博史『朝鮮土地調査事業史の研究』汲古書院，1991 年
大和田茂『社会文学・一九二〇年前後』不二出版，1992 年
成田龍一編『近代日本の軌跡 9　都市と民衆』吉川弘文館，1993 年
小林道彦『日本の大陸政策』南窓社，1996 年
牟田和恵『戦略としての家族』新曜社，1996 年
『国立歴史民俗博物館研究報告』101，2003 年
金富子『植民地期朝鮮の教育とジェンダー』世織書房，2005 年
森武麿『戦間期の日本農村社会』日本経済評論社，2005 年

第 3 章

井上清・渡部徹編『米騒動の研究』全 5 巻，有斐閣，1959-62 年
金原左門『大正デモクラシーの社会的形成』青木書店，1967 年
中野光『大正自由教育の研究』黎明書房，1968 年
大霞会編『内務省史』全 4 巻，地方財務協会，1970-71 年
鹿野政直『大正デモクラシーの底流』日本放送出版協会，1973 年
金原左門『大正期の政党と国民』塙書房，1973 年

松本克平『日本社会主義演劇史』筑摩書房，1975 年
小田中聡樹『刑事訴訟法の歴史的分析』日本評論社，1976 年
鈴木正幸「大正期農民政治思想の一側面」『日本史研究』173・174，1977 年
ヘンリー・スミス『新人会の研究』東京大学出版会，1978 年
自由大学研究会編『自由大学運動と現代』信州白樺，1983 年
山野晴雄「大正デモクラシー期における青年党類似団体の動向」『自由大学研究』9，1986 年
伊藤之雄『大正デモクラシーと政党政治』山川出版社，1987 年
藤原保信『大山郁夫と大正デモクラシー』みすず書房，1989 年
松尾尊兊『普通選挙制度成立史の研究』岩波書店，1989 年
仲程昌徳「解説」広津和郎『さまよへる琉球人』同時代社，1994 年
大和田茂・藤田富士男『評伝 平沢計七』恒文社，1996 年
飯田泰三『批判精神の航跡』筑摩書房，1997 年
岡田洋司『大正デモクラシー下の“地域振興”』不二出版，1999 年
黒川みどり『共同性の復権』信山社，2000 年
朝治武『水平社の原像』解放出版社，2001 年
関口寛「水平社創立と民衆」秋定嘉和・朝治武編『近代日本と水平社』解放出版社，2002 年
丸山隆司『〈アイヌ〉学の誕生』彩流社，2002 年
青柳真智子編『国勢調査の文化人類学』古今書院，2004 年
歴史教育者協議会編『図説 米騒動と民主主義の発展』民衆社，2004 年
折井美耶子・女性の歴史研究会編『新婦人協会の研究』ドメス出版，2006 年

第 4 章
井上清『宇垣一成』朝日新聞社，1975 年
朴慶植『朝鮮三・一独立運動』平凡社，1976 年
姜東鎮『日本の朝鮮支配政策史研究』東京大学出版会，1979 年
高崎宗司『朝鮮の土となった日本人』草風館，1982 年

若林正丈『台湾抗日運動史研究』研文出版，1983年
小林英夫『満鉄』吉川弘文館，1996年
駒込武『植民地帝国日本の文化統合』岩波書店，1996年
山田昭次『金子文子』影書房，1996年
岡部牧夫『海を渡った日本人』山川出版社，2002年
加藤陽子『戦争の日本近現代史』講談社，2002年
高崎宗司『植民地朝鮮の日本人』岩波書店，2002年
一ノ瀬俊也『近代日本の徴兵制と社会』吉川弘文館，2004年
塚瀬進『満洲の日本人』吉川弘文館，2004年
外村大『在日朝鮮人社会の歴史学的研究』緑蔭書房，2004年
橋谷弘『帝国日本と植民地都市』吉川弘文館，2004年
宮嶋博史ほか編『植民地近代の視座』岩波書店，2004年
松永正義『台湾文学のおもしろさ』研文出版，2006年

第5章

小林幸男「日ソ基本条約第5条と治安維持法」『人文学報』10，1959年
布施柑治『ある弁護士の生涯』岩波書店，1963年
渋谷定輔『農民哀史』勁草書房，1970年
木坂順一郎「治安維持法反対運動」『日本史研究』117・119，1971年
佐々木敏二『山本宣治』上下，汐文社，1974-76年
姜徳相『関東大震災』中央公論社，1975年
奥平康弘『治安維持法小史』筑摩書房，1977年
竹村民郎『大正文化』講談社，1980年
渡辺治「日本帝国主義の支配構造」『歴史学研究』別冊，1982年
村上信彦『大正期の職業婦人』ドメス出版，1983年
天野卓郎『大正デモクラシーと民衆運動』雄山閣出版，1984年
柳田国男研究会編『柳田国男伝』三一書房，1988年
松田利彦『戦前期の在日朝鮮人と参政権』明石書店，1995年
小山静子『家庭の生成と女性の国民化』勁草書房，1999年
佐藤卓己『『キング』の時代』岩波書店，2002年
米田佐代子『平塚らいてう』吉川弘文館，2002年

相澤與一『日本社会保険の成立』山川出版社，2003 年
成田龍一『近代都市空間の文化経験』岩波書店，2003 年
申明直『幻想と絶望』東洋経済新報社，2005 年

第 6 章

中村政則『昭和の恐慌』小学館，1982 年
日本現代史研究会編『1920 年代の日本の政治』大月書店，1984 年
近代日本研究会編『官僚制の形成と展開』山川出版社，1986 年
中島三千男『天皇の代替りと国民』青木書店，1990 年
大門正克『近代日本と農村社会』日本経済評論社，1994 年
安田浩『大正デモクラシー史論』校倉書房，1994 年
原彬久『岸信介』岩波書店，1995 年
山之内靖ほか編『総力戦と現代化』柏書房，1995 年
雨宮昭一『総力戦体制と地域自治』青木書店，1999 年
源川真希『近現代日本の地域政治構造』日本経済評論社，2001 年
原武史『可視化された帝国』みすず書房，2001 年
竹山昭子『ラジオの時代』世界思想社，2002 年
伊藤康子『草の根の女性解放運動史』吉川弘文館，2005 年
宮澤誠一『明治維新の再創造』青木書店，2005 年
林淑美『昭和イデオロギー』平凡社，2005 年
金城正篤ほか『沖縄県の百年』山川出版社，2005 年

おわりに

江口圭一『日本帝国主義史論』青木書店，1975 年
酒井哲哉『大正デモクラシー体制の崩壊』東京大学出版会，1992 年
藤目ゆき『性の歴史学』不二出版，1997 年
有馬学「「大正デモクラシー」論の現在」『日本歴史』700，2006 年